SENS COMMUN

ET

RAISON PRATIQUE

RECHERCHES DE MÉTHODE GÉNÉRALE

PAR

LIONEL DAURIAC

Professeur à la Faculté des lettres de Montpellier

PARIS

ANCIENNE LIBRAIRIE GERMER BAILLIÈRE ET Cⁱᵉ

FÉLIX ALCAN, ÉDITEUR

108, BOULEVARD SAINT-GERMAIN, 108

1887

SENS COMMUN ET RAISON PRATIQUE

RECHERCHES DE MÉTHODE GÉNÉRALE

SCEAUX. — IMPRIMERIE CHARAIRE ET FILS.

SENS COMMUN

ET

RAISON PRATIQUE

RECHERCHES DE MÉTHODE GÉNÉRALE

PAR

LIONEL DAURIAC

Professeur à la Faculté des lettres de Montpellier.

PARIS

ANCIENNE LIBRAIRIE GERMER BAILLIÈRE ET Cⁱᵉ

FÉLIX ALCAN, ÉDITEUR

108, BOULEVARD SAINT-GERMAIN, 108

1887

SENS COMMUN ET RAISON PRATIQUE

RECHERCHES DE MÉTHODE GÉNÉRALE [1]

L'essai qu'on va lire a pour but de rappeler avec quelque insistance ce que les philosophes se montrent trop enclins à oublier. Ils se flattent d'appuyer leurs doctrines ou sur des axiomes ou sur des vérités de fait unanimement acceptées : profonde erreur; ils les fondent sur de simples postulats, sur des assertions préconçues, sur des convictions préalables.

Tous ou presque tous, par exemple, ils font la guerre à Spinoza dont ils n'exaltent le génie que pour mieux déprécier la méthode : ils lui reprochent ses « définitions » fondamentales dont il ne s'est point mis en peine de prouver l'exactitude et ils refusent de le suivre pour cette raison, assurément des plus graves. Il leur échappe à tous ou à presque tous que le cas du grand libre penseur du XVIIe siècle est un cas général, osons même dire universel. Les définitions hypothétiques figurent chez Spinoza à l'avant-garde de son livre et la place qui leur est faite démontre qu'aucun philosophe ne sut mieux voir clair dans son propre esprit. Il sait où il va parce qu'il sait d'où il part. Il a démonté son système et il a bien fallu qu'il le démontât pour suivre dans l'exposé didactique de ses découvertes un ordre vraisemblablement opposé à celui qu'il avait adopté pendant la période de recherche. La philosophie de Spinoza est progressive : elle part de Dieu. Pour en partir, elle a dû primitivement y arriver; car toute philosophie progressive suppose une philosophie *régressive*. Mais Spinoza n'a point cru devoir nous initier à ses premiers efforts. Il a gardé pour lui seul l'histoire de ces crises intérieures sans lesquelles on ne produit rien de durable; il n'a rien voulu nous en dire, jugeant peut-être à tort qu'il suffirait de nous en exposer le dénouement magnifique. Il a donc rangé ses réflexions dans un ordre logique en se préoccupant d'exposer tout d'abord celles qui offraient à ses yeux le type

(1) Cette étude formera les premiers chapitres d'un livre qui paraîtra, nous l'espérons, dans la présente année, sous ce titre : *Problèmes de Philosophie générale.*

accompli de la conception claire et distincte, autrement dit, le type
de la vérité même. On chercherait vainement une méthode d'exposition
préférable, en dépit des objections qu'elle a soulevées, en dépit de certaines protestations fondées sur la différence qui existe entre la métaphysique et la géométrie, différence profonde et sur laquelle Spinoza sans
doute aurait eu beaucoup à nous apprendre. Encore que cette méthode
nous laisse ignorants de la genèse de la doctrine, elle nous permet clairement d'apercevoir les idées directrices de la pensée du maître, dont il a
pu néanmoins ne s'être avisé qu'après coup; elle nous fait pénétrer tout
d'abord au cœur du système, elle nous oblige à commencer par le commencement. Elle fait plus, et cet avantage prime les autres : elle nous
montre à quelles conditions expresses il faut satisfaire pour être
spinoziste : elle nous permet enfin de fermer le livre dès les premières
lignes s'il nous déplaît d'accepter les points de départ, les définitions
préalables.

D'où vient qu'on renonce souvent, dès les premières lignes, à suivre
Spinoza alors que l'on consent à suivre Descartes? Parce que le premier
fait connaître ses conditions dès les premières pages, tandis que l'autre
les fait à peine pressentir et que pour les pressentir il faut avoir longtemps marché à sa suite. C'est pour la même raison qu'on ne reproche
pas à Descartes ce qu'on reproche à Spinoza : d'avoir fondé son système
sur des affirmations dont la preuve est absente. Je le répète, le cas de
Spinoza est universel; tous les philosophes prennent pour accordé ce
qu'ils s'accordent à eux-mêmes; leur bonne foi reste entière, mais il n'en
résulte pas que ce qu'ils ont vu distinctement et clairement soit de nature
à être clairement et distinctement aperçu par tous.

Ainsi, pour avancer dans ses démarches, il ne faut point s'attarder à
démontrer l'indémontrable; il faut cependant se rendre compte de ce
que l'on accepte et avertir le lecteur de ce qu'il doit accepter; il faut
s'entendre avec lui sur les *questions préalables*. Ces questions, on ne peut
les éluder. Alors même qu'on affecterait à leur égard la plus parfaite indifférence, on les résoudrait implicitement.

Voilà notre thèse. Elle n'est point neuve ; nous pensons néanmoins
qu'on nous tiendra compte d'avoir affirmé sans détour ce qu'il en coûte
tant d'affirmer, aux philosophes, même les plus illustres, à savoir qu'un
système, fût-il le plus solidement fondé de tous, s'appuyât-il sur les arguments les plus en vogue et en même temps d'apparence la plus certaine,
n'est, ne fut, ne pourra jamais être qu'une profession de foi, un dogme,
une religion laïque; je n'en excepte point les doctrines des athées, d'où il
s'en faut que toute superstition soit absente.

Le nombre de ces questions préalables, sur lesquelles les philosophes auraient dû, mais n'ont pu s'entendre, n'est certes point tellement grand qu'il y ait lieu, pour les aborder, de toucher à tous les problèmes. On peut même aller jusqu'à dire qu'en dehors du problème moral, il n'est pas de question préjudicielle. Voilà pourquoi, dans les études qui vont suivre, l'intérêt se concentrera bientôt sur un seul point : celui de savoir quelle attitude il nous convient de prendre vis-à-vis de l'impératif catégorique, s'il faut le rejeter ou l'accepter.

I

En vertu des lois de solidarité qui donnent à la société humaine l'apparence d'un vaste organisme et qui rendent la morale égoïste difficile à pratiquer sans inconséquence, l'ambition du philosophe, même quand il s'en défend l'excès, doit être de travailler pour autrui. En même temps qu'il porte la lumière dans sa propre pensée, il souhaite que sa clarté rayonne. La parole intérieure, sans laquelle il n'est point de pensée précise, car toute pensée est un monologue, une fois qu'elle se possède, tend invinciblement à se communiquer. L'illusion de se bien comprendre est la consolation des incompris ; ce n'est qu'une consolation, néanmoins, parce que le plaisir d'être témoin de sa propre pensée n'a de valeur que greffé sur un autre plaisir, celui d'entendre la pensée des autres faisant écho à la sienne. « Croire à notre propre pensée, dit un profond philosophe américain, croire que ce qui est vrai pour nous, dans notre propre cœur, est vrai pour tous les hommes, cela est le génie. Exprimez votre conviction intime et elle se découvrira être le sens universel. » Étrange aveu d'une robuste confiance en soi-même ! Le philosophe qui s'attache à découvrir ses pensées intimes sur la nature et l'essence des choses devrait savoir qu'il risque de faire entendre des mots nouveaux et de surprendre non pas seulement la foule, mais encore ceux des philosophes dont les pensées ne sont pas les siennes. S'il lui arrive de tirer vanité du caractère personnel de ses croyances, il ne peut s'affranchir de cette vanité d'enfant et la transformer en un légitime orgueil tant qu'il n'a point le secret espoir d'avoir fait sur ce texte ouvert devant tous, grands et petits, ignorants et savants, moins de contresens que les autres. « Le cœur humain de qui ? le cœur humain de quoi ? » écrivait Alfred de Musset, réclamant pour le sien propre le droit d'avoir sa manière d'être. Ne prenons pas très au sérieux ces velléités d'indépendance de la Muse. Elle souhaite d'exprimer « sa confession jusqu'à la dernière syllabe » ; mais tout en l'exprimant, elle voudrait garder intacte la sympathie du lecteur ; permis au poète de caresser un tel espoir et de ne pas espérer vainement. Quant au philosophe, s'appelât-il Descartes et se fît-il une loi de ne choisir pour ses pensées d'autres termes que les termes en usage, il sait à l'avance que l'accord de sa raison avec la

raison commune ne sera de longtemps visible que pour ses yeux... Il le sait,
et néanmoins l'espoir le hante qu'il fait œuvre intelligible et durable,
même lui arrivât-il plus d'une fois de donner une rude entorse aux mots
de la langue usuelle.

. « Parmi les systèmes de propositions (1) explicatives, il en est de
deux sortes : les unes offrent plus ou moins d'attraits au sens commun,
mais ne satisfont pas le sens commun; d'autres lui donnent satisfaction.
Ces derniers, en y comprenant les problèmes et les hypothèses que chacun
d'eux comporte, sont connus sous le nom de *science* : quant au nom de
philosophie, après avoir décrit comme un cercle immense, il a fini par
planer en quelque sorte au-dessus de l'ensemble des systèmes du premier
genre, et il tend à se poser sur ce terrain. Si cette tendance triomphe, on
verra naître une notion définie de deux choses indiquées par les mots
philosophie et *science*, et *pour la première fois* apparaître la ligne précise
qui détermine leur frontière naturelle. Partout où se trouverait, ne fût-ce
que le premier noyau d'un système de propositions capables de satisfaire
le sens commun, on reconnaîtrait le signe caractéristique d'une science ;
quand cette aptitude à satisfaire le sens commun ferait défaut, et que les
propositions offriraient seulement de la cohésion et de l'attrait, on serait
dans le domaine de la philosophie. La philosophie alors serait comme
l'eau mère où se formera la science ; tant qu'un système de propositions
explicatives n'offrirait rien qui satisfasse le sens commun, on le regarderait
comme à l'état liquide; il ne serait qu'une philosophie. A mesure qu'il
acquerrait la propriété de satisfaire le sens commun, on dirait qu'il passe
à l'état cristallin, qu'il se transforme en une science. D'après cette
théorie, une science n'a pas pour contenu seulement ce par quoi elle
satisfait le sens commun, mais encore le cortège de questions et d'hypothèses qu'elle comporte. Ceci posé, il résulte que la théorie ci-dessus nous
impose la soumission envers le sens commun. »

Cette opinion est d'un contemporain, dont l'audace novatrice — je n'ai
point dit le génie novateur — est presque sans bornes. Sous prétexte de
sens commun, non seulement il corrige les doctrines des philosophes, ses
prédécesseurs, mais il va jusqu'à réformer leur langue. Le lecteur de
de l'*Alternative* est surpris tout d'abord du singulier contraste entre les
allures et les promesses. Loin de rappeler par son attitude la simplicité,
l'aisance et la modestie de Thomas Reid, l'auteur fait plutôt songer à ce
philosophe dont Emerson annonce ainsi la venue : « Tremblez lorsque Dieu
envoie un penseur sur notre planète. Toutes choses sont en péril alors.
C'est comme lorsqu'une conflagration a éclaté dans une grande cité

_____

(1) *L'Alternative. Contribution à la Psychologie* par R. Edmund Clay, traduit en
français par M. Burdeau. Paris, Alcan, 1886.

personne ne sait quelles choses sont en sûreté et comment finira l'incendie... » (*Essais de philosophie américaine*, trad. Montégut p. 228.) Et cependant c'est sur le sens commun que M. R. Clay entend que la philosophie se règle : il admet dans l'esprit « une propriété qui dispose la masse des hommes, en des circonstances identiques, à s'accorder dans leurs opinions ». Il croit à un instinct de conservation s'étendant aux vérités fondamentales « devant lesquelles s'inclinent en majorité les esprits des hommes » et qui « prétend imposer ses moules à toute acquisition nouvelle. » Il croit encore que, pour le voyage de la vie et en particulier pour l'entreprise du philosophe, le sens commun est un guide préférable à l'excentricité, et il ne recule pas devant cet étrange aphorisme : « Pour qu'une proposition ait la vertu d'une explication, *il ne suffit pas qu'elle soit vraie;* il faut, en outre, qu'elle s'accorde avec quelque loi de la croyance en vigueur dans l'esprit à qui il s'agit de faire entendre l'explication. » Bref, est vrai, non *ce qui est*, mais ce que l'on croit (cf. *L'Alternative* p. 6-9). De là résulterait, pour le philosophe, toute une méthode de recherches.

On pourrait objecter à l'auteur que, d'ordinaire, le sens commun sait mal ce qu'il sait; qu'en voulant l'éclaircir on l'altère, et que la philosophie qu'on essaie d'asseoir sur ses bases risque de ne point s'accorder avec lui. Mieux vaudrait, ce nous semble, partir de la science. Mais comment dire ce qui vaut le mieux tant qu'on ignore comment on cherchera et ce que l'on cherchera? Pour déterminer le point de départ de la philosophie, une définition de la philosophie n'est-elle pas indispensable? Celle de M. Clay lui appartient et peut se soutenir. Elle ne peut s'imposer sans un examen préalable.

Que cherchons-nous? que voulons-nous? A cela il est impossible de répondre : « ce que chacun veut quand il s'adonne au métier de philosophe », car ce métier n'est point le même pour tous. La philosophie n'est pas une science faite, qu'il s'agit d'apprendre : elle est une science à l'état de projet, qu'il s'agit de constituer, d'organiser.

Pour la constituer, pour l'organiser, comment s'y prendre? Se régler sur l'opinion d'un maître et chercher dans une philosophie antérieure les matériaux de sa philosophie? Pourquoi dans *une* et non dans *toutes*? Parce qu'elles se contredisent, parce que, contrairement à l'opinion de Leibnitz, cette « philosophie éternelle », dont il se prétendait le disciple, n'a jamais existé que dans ses vœux. — Alors, quand on choisit « son philosophe », il faut donner les raisons de son choix et recommencer pour son propre compte un travail qu'on eût aimé s'épargner par modestie, sinon par paresse? — C'est notre avis. Même voulût-on se confier à quelqu'un, on est, en fin de compte, tenu de ne se confier qu'à soi-même. En effet, la confiance ne mérite son nom que si elle est à peu près aveugle et c'est une loi pour le disciple d'un philosophe de ne jamais se fier aveuglément à son maitre. On ne peut s'abriter derrière un grand nom, fût-il le plus grand de tous, sans démontrer qu'il est le plus grand et que celui qui le porte a été choisi par la vérité pour être son dépositaire. Où chercher les éléments de la preuve? Dans la science? Dans le sens commun? Et voici que deux questions préalables se posent : comment chercher? que chercher?

II

L'idéal du philosophe ne serait-il point l'omniscience? Si l'on admet, avec Auguste Comte, que vivre bien, c'est pourvoir, on admettra, sans doute, que le « pourvoir » exige le « prévoir »; si l'on pense, d'autre part, que la connaissance du futur est calquée sur celle du présent et du passé, si l'on est convaincu que pour savoir de quels changements une chose est susceptible, il importe d'avoir pénétré jusqu'à son essence et même jusqu'à ses origines, cette conclusion s'impose : la science du bien vivre doit être fondée sur la science universelle.

Que devons-nous entendre par ce mot : la science universelle? S'agit-il, par exemple, de celle que posséderait un esprit infini, le Dieu omniscient des chrétiens? Une telle omniscience n'est point de ce monde. En effet, l'omniscience, proprement dite, exigerait la conscience d'elle-même. Celui qui saurait tout et ne saurait point qu'il sait tout, serait dans un état d'ignorance relative, et sa condition serait de beaucoup inférieure à celle du paysan de Virgile, auquel le poète reproche d'ignorer son propre bonheur. Omniscient à son insu, l'homme, après avoir trouvé réponse à tout, chercherait encore... des réponses? Non, mais des énoncés. Comment se prouverait-il à lui-même que désormais aucun fruit ne pend à l'arbre de la science? Parce qu'il n'en apercevrait plus? Mais combien souvent ne lui est-il pas arrivé de se méprendre? combien souvent ne s'est-il pas avoué qu'il avait mal regardé et mal vu? Omniscient à son insu, l'homme attendrait toujours et chercherait toujours avant de se reposer sur les vérités conquises; ayant vaincu et ne se sachant pas vainqueur, il n'oserait tirer parti de ses victoires.

L'omniscience, si l'homme devait la posséder un jour, n'aurait point de critère, à moins que l'homme devint l'égal d'un créateur et qu'il eût sur les choses un pouvoir infini. Omniscience et toute-puissance sont donc inséparables, et pour savoir toutes choses, il faut leur avoir donné l'être.

On est ainsi forcé de convenir que le mot « science universelle » désigne un idéal et rien de plus. *La science* proprement dite est inabordable, car elle ne peut s'acquérir que par fragments. Et il n'est guère possible d'ajuster ces fragments et d'en former un tout. Non seulement bien des énoncés restent sans réponse, mais encore la fusion de tous ces énoncés en un seul est une entreprise au-dessus de nos ambitions. Non seulement il n'est pas en notre pouvoir de tout connaître, mais encore l'espoir de réduire les sciences à l'unité de la science est, pour beaucoup, illégitime. Renonçons à savoir tout. A ce sacrifice ajoutons-en un autre : renonçons à introduire de l'unité dans ces parties de la science qui nous sont accessibles.

Pourquoi cet excès d'abnégation ? Parce qu'il faudrait s'entendre sur les bornes du savoir et que le désir d'une pareille entente est aussi difficile à satisfaire qu'aisé à ressentir. De quoi y a-t-il science? qu'est-ce que la science ? On a écrit des volumes à ce sujet et vraisemblablement il en reste beaucoup à écrire, et cela prouve que la question ne sera point résolue de sitôt.

Définir la philosophie par l'universalité de la science revient donc à définir un mot par un autre mot. D'ailleurs si l'homme aspire à tout savoir et souffre d'en être réduit aux aspirations, comment expliquer qu'il en souffre? La quantité du savoir serait-elle insuffisante? Cela n'est guère vraisemblable : il n'est pas d'homme assez bien doué, ni assuré d'une vie assez longue pour espérer avoir le temps d'apprendre tout ce qu'il est possible de connaître.

Par malheur, nous ne savons ni maîtriser notre ardeur de connaître, ni maintenir notre curiosité sur ces couches superficielles du savoir où la clarté se répand en abondance. Elle aspire à descendre au-dessous, là où les lueurs sont douteuses et vacillantes, là où il faut deviner pour découvrir. Et elle ne cède pas seulement à l'attrait de l'énigme: ce qui la pousse vers ces régions obscures n'est point tant la quantité que la qualité du savoir, n'est point tant le nombre que la nature des choses ignorées. Elle cherche réponse à ce qui, décidément, l'intéresse le plus. Et ce qu'il intéresse le plus, les sciences l'ignorent peut-être.

Un fait entre tous et le premier de tous a excité la réflexion de l'homme : sa mortalité. Et cette mortalité lui est apparue comme une anomalie; et il a jugé contre nature une loi naturelle, il a qualifié d'injustice le refus d'un privilège et il s'est toujours révolté contre ce refus. « Pourquoi suis-je mortel ? » voilà le premier problème et que suit aussitôt un autre : pourquoi le mal? pourquoi la douleur? Loin d'avoir diminué, depuis l'origine de la réflexion humaine, l'intérêt tragique de la question parait s'être singulièrement accru : dispensons-nous d'en donner la preuve; les éditeurs de Schopenhauer et de Hartmann au besoin la fourniraient.

Non seulement cet intérêt s'accroît, mais il s'aiguise et il ne s'aiguise que par l'impuissance des savants à le satisfaire. On a raison d'objecter

aux pessimistes que leurs doctrines s'appuient sur des bases antiscienti-
fiques. Aussi bien l'on objecterait à M. Herbert Spencer que la science
positive ne s'engagera point de sitôt à acquitter les lettres de change qu'il
a tirées sur elles. Au nom de la science, il promet à l'humanité un bonheur sans bornes ; mais la science prouve tout ce qu'elle affirme, et quand
une fois elle a prouvé, personne ne doute. Or, pour croire aux promesses
de M. Spencer, il faut être lui, ou de son église. Et pour croire aux prophéties lugubres de Hartmann, il faut également appartenir à l'église
pessimiste. C'est donc que le problème du mal se pose en dehors
de la science, et que s'il peut se résoudre, il se résout en dehors
d'elle.

On semble être maintenant en mesure d'expliquer ce désir de science
universelle chez l'homme, et pourquoi il est insatiable. Au fond, le regret
de ne point tout savoir prend sa source dans l'espoir que si l'on savait tout,
on saurait, à plus forte raison, quelles sont les causes de la mort et si la
mort a un lendemain. C'est moins l'universalité de la science qui fait
défaut à l'homme que la possession du savoir le plus profondément utile
et le plus immédiatement intéressant. « Si notre existence était sans
bornes et sans douleurs, il est probable que personne ne songerait à
demander pourquoi le monde existe et pourquoi il existe tel qu'il est t
tout cela se comprendrait. Aussi voyons-nous que l'intérêt qu'éveillen;
les systèmes philosophiques ou religieux a pour appui le plus solide
un dogme quelconque de continuation après la mort, et bien que les
diverses religions semblent avoir pour objet principal l'existence de
leurs dieux, et que ce soit le point qu'elles semblent soutenir avec le plus
d'ardeur, au fond cela vient uniquement de ce qu'elles ont rattaché à
cette existence le dogme de l'immortalité et qu'elles l'en considèrent
comme inséparable. Mais, en réalité, elles ne s'intéressent qu'à ce
dogme, car si on pouvait le leur garantir d'une autre manière, le zèle
chaleureux dont elles défendent leurs dieux se refroidirait bientôt : ou
si, inversement, elles arrivaient à se convaincre que l'immortalité est
chose impossible, ce zèle ferait place à une indifférence presque absolue ;
en effet, l'intérêt de l'existence des dieux disparaîtrait avec l'espoir de faire
connaissance plus intime avec eux, sauf, peut-être, le peu qui pourrait s'en
rattacher encore à l'influence que ces dieux exerceraient sur les événements de la vie terrestre. Mais si l'on pouvait aller jusqu'à établir que
l'existence des dieux est incompatible avec la continuation après la mort,
en démontrant, par exemple, que cette question suppose nécessairement
la spontanéité de l'existence, les systèmes religieux auraient bientôt fait
de sacrifier ces dieux à leur propre immortalité et de prêcher l'athéisme.
C'est pour cela également que les systèmes réellement matérialistes,

ainsi que le scepticisme absolu, n'ont jamais pu exercer une influence
générale et durable. » (Schopenhauer, *le Monde*, t. II, p. 237 de la tra-
duction française.)

III

Schopenhauer disait vrai. Il n'y a point que la tragédie antique pour
recourir au *Deus ex machinâ*. Tout Dieu, même celui des religions les
plus pures, intervient, ou peu s'en faut, comme Hercule au dénouement de
l'*Alceste*. Il intervient pour réagir contre les lois physiques, pour lutter
contre l'indifférence ou la malignité de la nature. N'est-ce pas Newton qui,
ne pouvant expliquer comment la terre réussissait à éviter le choc de la
lune, recourait, en désespoir de cause, à l'intervention du Créateur? Il
avait besoin pour rendre compte de la mécanique céleste, d'une « hypothèse » que Laplace devait, pour toujours, éliminer de l'astronomie.

Kant fait de même. Il recourt à Dieu pour réaliser l'avènement du
règne des fins. Ce n'est point Dieu qui est nécessaire à la religion, mais
bien et surtout, le royaume de Dieu. Le *Deus ex machinâ* de Kant serait-
il donc indispensable? Pour expliquer les lois physiques, on se passe,
ou l'on estime se pouvoir passer d'un législateur métaphysique. Ne
pourrait-on point, de même, admettre la réalisation du règne des fins
par le jeu régulier et constant des lois morales?

Voici, par exemple, un homme dont l'existence est menacée; il change
de régime et peu à peu modifie sa constitution. Les menaces de mort
s'éloignent et peu à peu disparaissent. L'action persistante des lois physiques a suffi pour les écarter définitivement De même, voici un homme
qui veut s'assurer la vie d'outre-tombe : il ne cesse, pour cela, de se
conformer aux exigences de l'impératif catégorique. Chaque effort vers
le bien est un pas vers la vie future; pour que ses chances d'immortalité augmentent, ses actes de justice et ses résolutions droites suffi-
sent, quand bien même il n'agirait point « sous l'œil d'un Dieu ». Je
n'énonce pas un fait, je propose une hypothèse. Je ne nie point davantage les postulats de la raison pratique. J'en modifie la lettre, et je me
demande, si je ne réussis pas à en mieux sauvegarder l'esprit. Je me
demande si cette conception n'est pas plus profondément morale et religieuse que la conception socratique et kantienne.

Peut-être, en ces sortes de questions, le mieux est-il de parler au
nom de sa seule conscience et de laisser chacun libre d'imaginer à son
gré. Peut-être convient-il de ne point satisfaire la raison pratique aux
dépens du cœur; peut-être l'âme religieuse n'a-t-elle pas seulement besoin de vie future, mais encore d'une communication fréquente pour ne
pas dire perpétuelle avec un Dieu tout-puissant qu'elle implore, fléchisse

ou remercie, selon les circonstances; peut-être enfin cette conception
« positive » des lois morales risquerait-elle d'effacer toute différence
entre celles-ci et les lois physiques. J'ose penser néanmoins qu'une telle
conception ne saurait être repoussée par la raison pratique, si tant est que
les exigences de cette raison veuillent être prises au sérieux. J'estime
donc que cette page de Schopenhauer est d'inspiration kantiste, et que le
besoin de la divinité n'est pas pour l'homme un besoin immédiat. N'oublions pas le voisinage des deux mots *religion* et *superstition*, n'oublions
pas qu'au point de vue de l'étymologie latine, *superstition* veut dire *survivance*. Le Christ a trouvé le vrai nom de Dieu, quand il s'est appelé le
Sauveur, le « Vainqueur de la Mort ».

Si le besoin métaphysique (1) est greffé sur celui de survivance, si tout
ce qui participe du don de vivre est soumis à la nécessité de mourir, n'est-il
pas contradictoire d'exiger de la science les preuves de notre immortalité? On sait comment la science répondait à Lucrèce : avec moins de
précision qu'aujourd'hui, elle répondait comme aujourd'hui. Dira-t-on
que les prémisses de Lucrèce étaient hypothétiques, que celles de la
science contemporaine reposent sur des expériences, qu'il n'y a donc pas
à comparer la valeur des preuves? Si on le disait, on exagérerait.

En effet, dans tout raisonnement, il est deux prémisses : la mineure,
qui, d'ordinaire, est un jugement assertorique, énonçant un fait certain
ou supposé tel; la majeure, qui est un principe ou une loi, c'est-à-dire
une inférence, somme toute, une « interprétation », et qui par là même
est sujette à l'erreur. Dès lors, si les « mineures », fournies par la science
positive, sont mieux fondées aujourd'hui qu'autrefois, les majeures, non
moins aujourd'hui qu'autrefois, restent des inférences et restent incer-
taines.

Lucrèce affirmait que la quantité de l'être demeure indestructible et
que la qualité de l'être est soumise à des variations incessantes. Lucrèce
affirmait sans avoir vérifié. Aujourd'hui, l'on affirme et l'on sait vérifier,
mais on ne peut vérifier partout; donc les affirmations de la science re-
tiennent encore une part d'hypothèse. Et ici je parle des affirmations
destinées à tenir dans le raisonnement la place de *mineures*. A fortiori, les
majeures offriront-elles moins de certitude. Ainsi, ou bien il sera impossible de conclure, avec quelque apparence de force, contre la vie d'outre-
tombe, ou bien il faudra prendre son point d'appui dans cette suite de

---

(1) Le mot « besoin métaphysique » fut équivoque, nous aurons bientôt occasion
de le montrer, car ce « besoin métaphysique » qui ne peut se satisfaire que par la
négation du déterminisme est précisément combattu par une autre tendance dont la
satisfaction exige la négation du libre arbitre. Cette tendance n'a-t-elle pas eu pour
défenseurs et pour interprètes tous ou presque tous les métaphysiciens? — La même
équivoque se retrouve chez Kant où la *Raison pratique* s'oppose à la *Raison pure*.

propositions : « Ni les lois morales, ni les lois mentales n'ont de réalité ou d'indépendance propre ; leur existence est toute d'emprunt. Ce qu'on appelle le monde moral est l'effet d'un mirage ; ce qu'on appelle lois morales tire son origine de certaines lois physiques ou biologiques, interprétées par la conscience humaine, qui joue à leur égard le rôle d'un milieu réfringent. » On pourrait développer encore : on pourrait aussi substituer à ces développements une formule concise et l'on obtiendrait la majeure en question. Et cette majeure prendrait bientôt le masque d'un jugement apodictique. Le monde est plein de gens qui vous tiendront quitte de la preuve, si vous leur affirmez des choses précises et si vous les leur affirmez d'un ton bref... Et pourtant, la preuve fera défaut.

Ainsi, pour renouveler contre les croyances communes les attaques de Lucrèce, il faut, comme Lucrèce, prendre pour accordé ce qui précisément a le plus besoin de preuves, il faut débuter par une série de négations préalables, et il faut partir en guerre sans se mettre en peine de justifier son agression. Certes si l'homme ne suivait d'autres voies que les voies de la science, le besoin que Schopenhauer appelle « métaphysique » et que nous appellerons, nous, moral et religieux, ne saurait où se satisfaire : d'autre part, si de telles aspirations persistent, c'est qu'il est pour trouver la solution des problèmes philosophiques une autre route à suivre. Faire de la science universelle le but suprême de la philosophie, c'est se désintéresser du grand intérêt humain par excellence. Voilà ce que les premiers penseurs entrevoyaient à travers bien des nuages : voilà ce dont il serait presque puéril de douter aujourd'hui. —

Et pourtant l'on en doute et la minorité qui en doute s'accroît de jour en jour. Nous sommes d'un temps où l'idolâtrie de la science est portée presque à son comble et où l'on cherche à traiter par la méthode de la science les problèmes religieux et moraux. On nous prédit l'avènement d'une morale et d'une religion positives : on fait plus, car après avoir promis, on songe à tenir ses promesses. Que faut-il augurer de cela ?

Certes une telle morale aurait pour conséquences le renoncement nécessaire à des espérances précieuses ; toutefois, avant de les détruire, elle prendrait soin d'en diminuer le prix et en même temps, le regret de les perdre. D'ailleurs il s'agirait moins de destructions que de substitutions et l'on ne se ferait pas faute de chercher des équivalents au devoir. Bien plus, à l'usage de ceux dont l'obstination conservatrice semblerait incurable, on trouverait « des équivalents » à la vie future. On peut bien risquer le mot, puisque, dans les derniers chapitres de l'*Irréligion de l'Avenir*, M. Guyau a risqué la chose.

Le succès d'une telle entreprise serait suivi d'une paix durable entre les philosophes, qui tous, réaliseraient, pour la première fois, le miracle d'une entente unanime et opéreraient ce miracle par l'élimination de tout surnaturel. Ne voyons-nous pas certains membres de nos assemblées politiques aussi mal à leur aise devant le Dieu des spiritualistes que Méphistophélès au cinquième acte de *Faust* devant l'épée flamboyante de l'archange Michel? Après avoir, ce dont ils avaient le droit, enlevé des salles d'étude l'image du Dieu des chrétiens, ils voudraient voir supprimer des livres d'étude le nom de la Divinité : la religion laïque leur devient aussi suspecte que la religion catholique et le Dieu fainéant des philosophes, auquel sont interdits les miracles, ne trouve pas plus grâce devant eux que Notre-Dame de Lourdes. Bref, le surnaturel ne consisterait pas seulement dans les apparitions miraculeuses, et ce serait encore croire au surnaturel que de croire aux postulats de la raison pratique. Voilà où en sont les croyances, peut-être ferions-nous bien de dire les « incroyances » d'un grand nombre.

Ou bien cet état d'incrédulité est le symptôme d'un état de crédulité à rebours, ou bien il est le signe d'une ère nouvelle, de l'avènement prochain de ce que les positivistes, dans leur vocabulaire étrange ou barbare, appellent « l'état de mentalité positive », et la foi morale va disparaître aussi rapidement que disparaissent les dogmes religieux, et la science va remplacer la croyance.

En effet, nous dit-on, rien n'empêche d'assimiler les phénomènes psychiques aux phénomènes physiologiques, dont ils ne se distinguent pas substantiellement : dès lors, en étudiant les seconds, et l'on sait les étudier, on apprendra sur les premiers tout ce qu'il est permis d'en connaître, et ce seront là des connaissances positives. Ce n'est pas tout, et voici qui est de plus grave conséquence. La science morale ne peut se constituer ou du moins s'achever sans l'étude des phénomènes sociaux, elle dépend de cette étude : la sociologie, dit-on encore, est la préface obligée de la morale. Or, on a remarqué l'analogie surprenante des faits sociaux et des faits biologiques et l'on est parvenu à se représenter la société humaine comme un vaste organisme. Cette assimilation mène fort loin, car, si dans un organisme le moindre désordre produit en un point réagit sur l'état de l'ensemble et détermine en d'autres parties des commencements de trouble, il suit de là, qu'en soignant un organe, on soigne l'organisme tout entier. Faisons maintenant une hypothèse. Prêtons de la conscience à chacun des organes ; à cette conscience ajoutons un peu de science, juste ce qu'il en faut pour comprendre qu'un organisme est un tout sympathique, qu'un organe est exposé à souffrir du mal des autres, et nous verrons poindre les sentiments moraux. Chaque organe désirera son bien propre et en même temps s'intéressera au bien de tout l'organisme : s'y intéressant, il y travaillera. Que maintenant l'on passe des organismes biologiques aux organismes sociaux, il ne sera plus besoin de prêter de la conscience aux organes : chaque organe en est naturellement doué, puisque le nombre des organes est précisément égal à celui des individus.

Peu de temps après la fondation de la République, à Rome, la gent plébéienne refusait tout service et pour mieux marquer son refus d'obéissance, elle allait camper non loin de la ville sur le Mont Sacré. Elle ignorait l'analogie des lois biologiques et des lois sociologiques. Ménénius Agrippa la leur fit apercevoir et tout rentra dans l'ordre. Ménénius avait compris plus de vingt siècles avant Auguste Comte que les sociétés sont des organismes; la fable des *Membres et l'estomac* est une « illustration » de cette thèse.

Cette thèse est « attrayante » et c'est pour ce motif sans doute que les positivistes orthodoxes la soutiennent avec tant de conviction. Dans les quinze lois de leur philosophie première est compris le précepte « de former l'hypothèse la plus simple et la plus sympathique que comporte l'ensemble des résultats obtenus ». Cette thèse est-elle conforme à ce que l'on sait ou croit savoir des phénomènes sociaux et des lois qui les régissent? Admettons-la sans la discuter : une première conséquence s'imposera presque aussitôt : il faut vivre pour autrui. Telle est d'ailleurs la devise du positivisme orthodoxe.

Malheureusement, cette devise est comme toutes les maximes de conduite : elle revêt la forme d'un impératif. Il semble dès lors que la nécessité de vivre pour autrui ne s'impose pas à l'universalité des hommes puisqu'on croit devoir la leur rappeler ou la leur apprendre : or, si cette nécessité n'est pas évidente, et elle ne l'est pas, comment échapper à la conclusion? Comment ne point reconnaître que la facilité avec laquelle l'homme aime mieux prendre soin de ses intérêts que des intérêts d'autrui compromet le sort de la thèse positiviste? Pour que la société fût un véritable organisme il faudrait que l'obligation de n'être pas égoïste s'imposât avec la force d'un penchant irrésistible : il faudrait que toute faute commise par l'un des membres du corps social produisît infailliblement ses conséquences sur le corps tout entier. Je ne dis pas que s'il en était ainsi, les choses n'en iraient pas mieux ; je ne dis pas que si chacun de nous se considérait comme membre d'un vaste corps, l'état général de l'humanité n'en profitât promptement et grandement. Mais autre chose est dire : la société est un organisme; autre chose est dire : la société devrait se considérer comme un organisme. « Selon nous, écrit un philosophe contemporain, l'union des consciences dans la société, qu'on nous présente comme une réalité, est seulement un idéal dont il importe de bien concevoir la nature, une idée directrice dont la direction même doit

être exactement définie. » (A. Fouillée. *La Science sociale contemporaine*
p. 247.) Donc, à la différence des organismes biologiques dont chacun
existe par l'action régulière des forces naturelles, les organismes sociaux n'existent que par la volonté de leurs membres. Pour être, il
faut qu'ils se veuillent, et pour qu'ils se veuillent, chacun des individus
doit travailler lui-même à la constitution du corps social. Décidément
au lieu d'énoncer un fait, les positivistes sont réduits à formuler un
souhait.

Pourquoi ce souhait? parce que le bien-être général de l'humanité
est intéressé à sa réalisation? D'accord. Mais comment prouver que chaque
individu doive s'intéresser au bien de tous? En lui faisant comprendre que
le vrai bien de l'individu et le vrai bien de la société se confondent?
Songez-y donc. Peut-être il ne pourra ni ne voudra comprendre, et tant
que cette difficulté durera, la constitution définitive de l'organisme social
restera un rêve. L'essentiel serait de démontrer à chacun l'obligation
morale de vivre pour autrui : d'autre part, comment ébaucher une
démonstration de ce genre, sans reproduire, aux termes près, les maximes
de Kant et sans recourir à sa méthode? Enfin, comment recourir à sa
méthode sans aller contre l'esprit de la science? Les lois morales qu'on
nous assure reposer sur des lois sociologiques et les lois sociologiques
qu'on nous assure être aussi certaines, aussi rigoureuses, aussi régulières
dans leur application que celles de la biologie, tout cela n'est que conjec-
ture ; et rien de tout cela n'est scientifique (1) au sens exact du terme.

Aussi bien la question n'est pas de savoir quelle transformation subi-
raient les énoncés des problèmes philosophiques et de quelles solutions
ils seraient suivis dans le cas où l'on appliquerait à leur examen la
méthode des sciences expérimentales; elle est de savoir si une telle
méthode leur est applicable. Oui ou non, tous les problèmes sont-ils problèmes de science positive et peut-on affirmer, au rebours de Leibnitz, que
partout il entre du géométrique, partout, même dans le monde moral?

IV

Le plus illustre de nos physiologistes de la seconde moitié du siècle,
Claude Bernard, assimilait toute expérience à une vérification. Dès lors,
quand on résout de faire une expérience, on la disposerait en vue du
résultat présumé : les réponses de la nature seraient supposées connues à
l'avance et l'on prendrait ses précautions pour les obtenir précises. La

---

(1) Si l'on osait se permettre un barbarisme doublé d'une irrévérence on dirait :
« Tout cela est peut-être *scientificoïde*, mais n'a rien de vraiment *scientifique*. »

remarque profonde de Claude Bernard est le commentaire scientifique de cette parole : « Tu ne me chercherais pas, si tu ne m'avais trouvé. » Rarement on cherche au hasard.

Quand des intérêts scientifiques se trouvent en jeu, quand le résultat espéré n'est point de nature à influer sur nos résolutions ou sur nos actes, même alors, l'indifférence du chercheur est l'exception. Nul n'observe qui n'ait déjà le pressentiment des phénomènes dont il va constater la présence, et qui, selon les cas, ne souhaite ou ne redoute de les constater. C'est un défaut pour le médecin d'être alarmiste, non pas tant pour l'effroi qu'il cause à ses malades que pour les craintes qu'il se donne et dont sa clairvoyance peut avoir à souffrir. Les médecins optimistes ont leurs défauts aussi, moins universellement blâmés peut-être, tout aussi nuisibles cependant. Il est donc vrai : même dans les circonstances où l'on devrait rester impartial, l'impartialité est impraticable : on a son caractère, ses habitudes intellectuelles, sa tournure d'esprit, on est de son temps, de son pays, de sa famille. Quand il s'agira d'intérêts plus graves et qui nous touchent de plus près, nous serons pris, à plus forte raison, dans ce réseau d'influences. C'est là une règle générale, bonne à rappeler en toute circonstance et principalement lorsque vient la nécessité de choisir entre deux manières de penser incompatibles entre elles.

Voici, par exemple, deux manières de concevoir la philosophie : d'après l'une, la philosophie est la science universelle, et sa méthode est celle de la science. D'après l'autre, la philosophie, comme le voulait Jouffroy, graviterait autour du problème de la destinée : sa méthode et son point de départ lui seraient fournis par le sens commun. Ces deux conceptions paraissent irréductibles et elles le paraîtront d'autant plus qu'elles aboutiront chacune à des résultats opposés. Dès lors, comment choisir sans s'inquiéter des conclusions, puisqu'on les connaît à l'avance? Comment déterminer son point de départ sans prendre garde au point d'arrivée qui lui correspond? Kant savait ce qu'il voulait, lorsqu'il composait sa première *Critique*. Auguste Comte savait ce qu'il voulait, quand il frappait d'interdit les entreprises métaphysiques de l'avenir. Il annonçait que dans l'avenir on délaisserait la métaphysique parce qu'au fond et dans le secret intime de sa conscience il souhaitait qu'on la délaissât. On aura beau dire et beau faire, résoudre un problème de philosophie sera toujours choisir une solution et par la même exclure d'autres solutions : ce sera prendre parti, ce sera préférer. La plupart des gens et même, il faut bien l'avouer, la plupart des philosophes n'aperçoivent point cette intervention des facteurs personnels dans les jugements prononcés en connaissance de cause et il leur échappe que le jugement est une œuvre où la volonté collabore. De là une propension singulière à l'intolérance spéculative; de là, envers ceux qui pensent autrement que nous, une sévérité d'appréciation rarement exempte de présomption et aussi de ridicule.

Ces remarques tendent-elles à nous faire avouer quelle est la philo-phie de notre goût et à passer outre sans plus ample informé? Point; elles visent seulement à légitimer notre droit de choisir, et de choisir, sans avoir égard à des considérations extrinsèques, toutes-puissantes sur beau-coup d'esprits. On veut « marcher avec son siècle » ou encore « suivre le courant», et l'on part de ce principe que la vérité est plutôt dans ce que penseront les hommes du vingtième siècle que dans ce qui a été pensé par nos aïeux. Ce sont là, je le répète, raisons extrinsèques, frivoles, et pour peu que l'on y prenne garde, de nature à décourager la recherche. Si la vérité est d'un seul côté, du côté de l'avenir, si rien de ce que l'on croyait hier ne mérite d'être cru et par le seul motif qu'on le croyait hier, pourquoi se préoccuper des croyances futures? Demain deviendra hier pour nos arrière-neveux et ils se tromperont si à leur tour ils s'at-tachent trop étroitement à leurs croyances présentes. « Aujourd'hui pour de l'argent, demain pour rien. » Cette inscription se lisait naguère sur la devanture d'une misérable échoppe : le « demain pour rien » n'arri-vait jamais. Ainsi jamais n'arrivera le « demain » promis à l'homme et qu'il attend toujours pour prendre définitivement possession du vrai. Dès lors, peu doit nous importer sur quel côté de la ligne du temps telle ou telle opinion a pris place : la valeur qui lui méritera notre adhésion doit en rester indépendante.

S'exprimer ainsi c'est avouer qu'on garde entière sa liberté de juge-ment : c'est avouer aussi qu'on entend ne point juger au hasard et qu'on veut se décider autrement que par caprice. Mais dire ce que l'on préfère ne dispense point de dire pourquoi l'on préfère. Ainsi le droit d'avoir notre attitude et de ne nous la laisser imposer par aucune circonstance de temps ou de lieu ne saurait nous dispenser du devoir d'exposer nos motifs, d'expliquer et de justifier notre doctrine et notre méthode.

V

En premier lieu, si nous refusons à la philosophie le droit de se donner pour la science universelle, c'est qu'à notre avis, une telle science est un idéal et un idéal inaccessible; en outre, une telle science laisserait sans réponse les problèmes d'intérêt humain. Ou il faudrait renoncer à satisfaire notre « besoin métaphysique », traduisez nos aspira-tions religieuses et morales, ou il les faudrait déraciner. Ces aspirations seraient-elles donc indestructibles? Les religions ont pris leur source dans la nécessité de savoir et dans l'impossibilité de savoir tout ensemble. Elles se sont élaborées dans les sanctuaires interdits aux foules; ce n'en est pas moins dans les foules qu'elles sont écloses. Toute religion est un fait sociologique, on l'a démontré récemment. Est-elle un fait provisoire?

D'abord, le déclin de la foi n'annonce pas nécessairement la dissolution de la religion. Quand une religion agonise, il est aussi légitime d'en conclure qu'elle va renaître que de prophétiser sa disparition prochaine. Et même, quand on supposerait les dogmes sur le point de finir, faudrait-il aller jusqu'à dire que la racine psychologique des dogmes religieux est morte pour toujours, que *la* croyance ne survivra pas *aux* croyances? Cette conclusion serait prématurée. Elle le serait d'autant plus que les prophéties récentes n'annoncent rien de pareil, même celles des apôtres contemporains de l'Irréligion de l'Avenir. On peut, selon M. Guyau, se représenter les sociétés futures libres de tout joug religieux : on ne peut se les représenter indifférentes aux hypothèses métaphysiques. Au lieu de s'immobiliser dans la foi religieuse, les hommes de l'avenir vivront dans un état « d'anomie » perpétuelle; fatigués des réponses toutes faites, ils se lanceront à imagination perdue « dans la spéculation toujours mouvante », et « proportionnant le degré de leurs affirmations intérieures au degré de probabilité des choses, » ils remplaceront la foi par le doute, mais par un doute actif et qui s'essaiera toujours à de nouvelles conjectures. « Ce qui seul est éternel dans les religions, c'est la tendance qui les a produites, le désir d'expliquer, d'induire, de tout relier en nous et autour de nous : c'est l'activité infatigable de l'esprit, qui ne peut s'arrêter devant le fait brut, qui se projette en toutes choses, d'abord troublé, incohérent, comme il fut jadis, puis clair, coordonné, harmonieux comme est la science d'aujourd'hui. Ce qui est respectable dans les religions, c'est donc précisément le germe de cet esprit d'investigation scientifique et métaphysique qui tend aujourd'hui à les renverser l'une après l'autre. » (Guyau, l'*Irréligion de l'Avenir*, p. 331. Paris, Alcan, 1887.) Il est difficile de renverser aussi complètement et de se montrer plus sympathique à ce que l'on renverse. Cette sympathie est un symptôme et elle conduit à penser que la force qui fait croître les sentiments religieux et éclore les religions, n'est guère moins indestructible que la force vive de la mécanique rationnelle. Au lieu de se perdre, comme certains le prédisent, elle se transformera au profit de la libre recherche dont voici la devise : ἀνάγκη μὴ στῆναι. Ce sera donc le sentiment métaphysique qui, dans les siècles futurs, recueillera les débris du sentiment religieux, car « les religions peuvent passer sans que l'esprit et le sentiment métaphysique en soient le moins du monde altérés ». Autant dire que l'irréligion proprement dite n'apparaîtra qu'aux observateurs superficiels : ceux qui sauront pénétrer jusque dans les couches profondes de la curiosité humaine la trouveront toujours, comme aux temps de son origine, éprise du mystère et de l'inconnu.

Quelque chose échappera-t-il donc toujours aux investigations de la science? A ne considérer que notre temps, les efforts des philosophes pour ramener les problèmes de religion et de morale aux proportions d'un problème scientifique ne réussissent point au gré de tous : leur application des méthodes de la science expérimentale à des questions qui ne tombent point dans le champ de l'expérience proprement dite, aboutissent, selon nous, à une parodie de la science.

Si telle est notre impression, et cette impression est sincère, et tout examen critique, loin de l'effacer, la confirme, pourquoi chercherions-nous dans la science le point de départ de la philosophie?

Partons du sens commun, c'est-à-dire de l'état où nous ont placés notre milieu, notre éducation, et faisons le bilan de nos croyances. Discernons parmi ces croyances celles qui n'ont d'autre racine que le préjugé, celles dont la source est ailleurs que dans l'habitude et que peut-être il nous est interdit de détruire. Je ne sais plus quel est ce grand ancien auquel on n'avait point élevé de tombeau : sur l'emplacement de sa sépulture on s'était contenté d'inscrire : *Siste viator, heroem calcas.* Et le voyageur s'arrêtait un moment, puis continuait son chemin. Au nombre de ces croyances de point de départ, qu'il faut constater en nous sous peine de ne savoir orienter nos démarches, en est-il qui méritent seulement un acte de respect passager? N'en est-il point qui méritent davantage? Sous le nom de sens commun n'arrive-t-il pas souvent à la Raison Pratique de se manifester et de formuler des ordres?

On ne doit pas obéissance au sens commun quand il demande à n'être point dérangé dans le culte de ses vieilles idoles, car on ne doit aux idoles que de les détruire. La raison pratique serait-elle une de ces idoles? Faut-il, oui ou non, respecter les fondements de la métaphysique des mœurs tels que les a établis l'auteur des trois *Critiques?*

VI

On nous accordera tout d'abord, et l'on ne jugera point, je l'espère, la concession exorbitante, que si la morale de Kant n'est point celle du grand nombre, c'est elle du moins qui surpasse toutes les autres en dignité, j'allais dire : en beauté ; et je ne craindrais pas de le dire si le premier de ces deux termes ne se trouvait exactement synonyme du second. L'émotion esthétique dont s'accompagne chez l'homme l'initiation à la philosophie pratique de Kant, suscite, quand on l'éprouve, le désir de régler sa conduite sur ses maximes, c'est un désir efficace, inséparable d'un commencement de réalisation ; quand il se traduit par le discours, il s'énonce dans une périphrase où le mot dignité entre nécessairement. Un beau tableau, une belle musique, une belle poésie, un bel acte de dévouement ravissent, non par ce qu'ils promettent, mais par ce qu'ils donnent : leur réalité fait leur beauté. Un système de morale promet plus qu'il ne donne (1) et même il peut ne rien donner sans perdre pour cela le plus imperceptible atome de valeur ; s'il était vrai que la conduite humaine suit le code d'Aristippe, il n'en résulterait point que ce code est le plus parfait de tous. La beauté d'un système de morale est donc moins dans sa conformité avec nos penchants que dans les motifs pour lesquels nous souhaitons qu'il descende du ciel sur la terre, autrement dit dans sa *dignité*. Je ne pense guère avoir besoin de démontrer pourquoi la morale de l'impératif catégorique me paraît supérieure à toutes les autres. On peut en ignorer les formules ; aussitôt qu'on les connaît, on juge que la conscience humaine ne saurait se tracer un autre plan de conduite, sous peine de ne pas éviter les occasions de se sentir amoindrie ou déchue. Le désaccord entre les philosophes qui ont jugé Kant ne porte nullement sur le » mérite » de la doctrine : on s'entend pour reconnaître qu'une vie dont les intentions resteraient toujours conformes aux impératifs de la volonté droite atteindrait un degré d'excellence au delà duquel on souhaiterait vainement de s'élever. Là où l'on cesse de s'entendre, c'est sur la question de savoir, si, en fait, l'impératif catégorique trouve les hommes disposés à lui obéir. Mais cette question n'est point à débattre, Kant lui-même aurait jugé la controverse inutile. Quand on aurait prouvé que jamais une action morale ne s'est accomplie en ce monde, il resterait d'abord à prouver que jamais il ne s'en accomplira. Puis, quand on se serait donné cette assurance, on n'aurait pas avancé d'une ligne. La certitude qu'un événement n'aura point lieu l'empêche-t-il d'être souhaitable ? Les lois de la nature manqueraient de preuves si la nature se dispensait de les suivre. L'impératif catégorique se montre peut-être mieux par le remords, quand on passe outre à ses injonctions, que par le contentement qui suit son obéissance. La catégorie de l'*être* ne saurait d'ailleurs se confondre avec la catégorie du *devoir être*.

La réalité de l'impératif catégorique, il nous le semble, du moins, est au-dessus de toute démonstration : elle est au-dessus de cette évidence immédiate, irrésistible, qu'on est convenu d'attribuer à l'axiome. Quand on abaisse la croyance en la loi morale au niveau des illusions de la conscience, on ne se trompe point, à proprement parler ; on se diminue soi-même. Et cela, nous ne le disons point, pour nous donner la satisfac-

---

(1) Certains philosophes ne se sont-ils pas mépris en exigeant d'une doctrine morale qu'elle soit *praticable* ? Ils sont partis de là pour combattre le stoïcisme et la morale de Kant ; et il leur a échappé qu'une morale est d'autant plus *praticable* qu'elle a moins d'exigences et que sous ce rapport aucune doctrine ne le cède à la doctrine d'Aristippe.

tion, très douteuse d'ailleurs, d'écarter les arguments des utilitaires par
une épithète malveillante (de tels procédés de controverse méritent d'être
partout réprouvés); nous le disons parce que la substitution d'une morale
à base égoïste à la morale de l'abnégation, même faite au nom de la
vérité, ne saurait laisser l'âme indifférente. Quelque chose se produirait
d'analogue au sentiment qui accompagne la perte d'une illusion, et qui
plus est, d'une illusion dont la délivrance amoindrit. Il semble qu'on
vaille moins, non seulement pour préférer, dans telle ou telle circonstance particulière, son agrément à son devoir, mais encore pour préférer,
d'une manière générale, la doctrine d'un Épicure à celle d'un Zénon.
Encore une fois le problème ne se pose pas comme s'il y avait à qualifier
la conduite réelle de la majorité des hommes : quand bien même nous
suivrions tous le code utilitaire, cela ne prouverait rien en faveur de
l'utilitarisme : le nombre de ses clients ne garantit point sa légitimité.
La question se pose non dans le réel, mais dans l'idéal, il ne faut pas
qu'elle en descende, autrement les données du problème s'en trouveraient
altérées. La notion d'un devoir est corrélative de la notion d'une volonté
imparfaite : un ordre qui s'exécuterait de lui-même se passerait de com-
mandement. Cessons donc de nous interroger sur ce que font les hommes
et ne nous laissons point troubler par les enseignements de la psychologie : demandons-nous quel serait l'idéal d'une société humaine et nous
serons naturellement conduits à imaginer un *règne des fins*, c'est-à-dire
un état où la bonne volonté inspirerait tous les actes; peut-être même
entendrons-nous l'écho de cette parole prononcée au plus profond de
notre conscience : « Qu'un tel règne arrive! »

VII

On encourrait, toutefois, le reproche de remplacer la philosophie par
des prières si l'on négligeait d'avoir présentes à la pensée les objections
dirigées contre cette manière singulièrement expéditive d'improviser la
solution du problème moral. Si notre mémoire est fidèle, elle nous a déjà
replacé sous les yeux le dossier d'une controverse récente, dirigée par le
plus redoutable de nos polémistes contre la discipline kantienne. Et non
seulement l'auteur des *Systèmes de morale contemporains*, mais encore
celui des *Data of Ethics* ont tout fait pour amener l'abandon de cette
discipline. Le premier l'a combattue par des raisons en apparence décisives, le second l'a remplacée par une doctrine exempte de tout mystère,
de toute affirmation gratuite, dont on peut dire qu'on sait d'où elle vient
et où elle va; il a remplacé la *Métaphysique des mœurs* par la *Physique
des mœurs*. Tout en faisant, comme nous, la distinction de la conduite

réelle et de la conduite idéale, il a expliqué comment l'homme arrivait à concevoir une règle idéale de conduite : cette règle puisée dans l'expérience ne saurait, d'après lui, se donner pour une révélation de l'esprit divin que par le plus étrange oubli de ses origines. On fait le bien par respect pour la loi comme l'avare recherche l'or par amour de l'or : on obéit aux injonctions de la conscience en raison de l'intérêt qu'on y trouve, puis peu à peu on déplace cet intérêt, on le transpose, on le spiritualise : aussi bien tout idéal ne saurait s'expliquer autrement. Ceux qui pensent le concevoir en vertu de je ne sais quelle grâce presque surnaturelle, sont dupes de leur propres artifices : ils l'ont extrait du réel, ils ont idéalisé ce réel, puis à force d'idéaliser ce réel, ils en sont venus à le méconnaître. Voilà de ces erreurs auxquelles on s'expose par l'ignorance des lois de la nature humaine. Les premiers chimistes, inhabiles à décomposer, exagéraient le nombre des corps simples ; les vieux psychologues, inhabiles à surprendre les secrets de la chimie mentale, multiplient inconsidérément la liste des éléments innés de la raison spéculative et de la raison pratique. Voilà l'objection dans ce qu'elle a d'essentiel.

Ou la thèse de M. Spencer est aussi fragile que sa critique est impitoyable, ou les résultats des démarches précédentes veulent être immédiatement annulés. Le sens commun n'a d'autorité, qu'appuyé sur la raison pratique. Or si la raison pratique se laisse en quelque sorte dissoudre par l'analyse, si l'obligation morale est une illusion, l'efficacité de cette illusion ne peut, ne doit point survivre à sa reconnaissance. Lorsque Lucrèce s'attaquait aux divinités du paganisme et leur enlevait le gouvernement de l'univers, il se proposait le salut des âmes ; la morale de l'ataraxie se fondait à ses yeux sur la négation de la Providence : guérir les âmes de la crainte des Dieux lui apparaissait le plus sûr moyen de leur assurer la vie bienheureuse. Il écrivait pour répandre des vérités bienfaisantes. Lorsque MM. Herbert Spencer, Fouillée, Guyau exigent que la morale se passe d'obligation et de sanction, non seulement ils nous exhortent à n'y plus recourir pour chercher la solution des problèmes de la vie pratique, mais encore ils déconseillent l'entretien de ces illusions dans l'esprit de la foule : le masque tombé, ne nous baissons pas pour le reprendre. Épictète comparait la vie à un drame, les hommes à des personnages jouant dans ce drame ; la comparaison n'est exacte qu'en partie. Le drame est un divertissement, même pour l'acteur, et la vie n'en est pas un ; le drame est court, et la vie est longue. Quand un drame commence à huit heures du soir pour finir à onze, il peut y avoir échange de conventions entre l'auteur, l'acteur et le spectateur : quand le drame dure depuis la naissance jusqu'à la mort, plus de ces mensonges dont chacun est complice, plus de ces distinctions entre ce qui est feint et ce

qui ne l'est pas, entre les personnes et les personnages ! Dans ces conditions, il n'y a point à distinguer les coulisses de la scène ; si on est dupe,
c'est qu'on l'ignore, et toute illusion s'évanouit, aussitôt découverte. L'obli
gation morale serait-elle une illusion ?

Déjà, tout à l'heure on a montré le peu de sérieux qu'il convient d'attacher, je ne veux point dire, aux intentions de certains philosophes,
mais aux résultats de leurs entreprises. On est allé jusqu'à prétendre
que ces résultats, loin d'étendre le champ du savoir, n'aboutissaient qu'à
la « parodie » de la science. Le mot était dur : il était sincère et l'usage
en était motivé. Loin de nous encore une fois la pensée de croire que les
essais de ce genre ne répondent pas à un désir excusable : ou bien l'idéal
d'une science universelle est chimérique, même à titre d'idéal, ou il faut,
semble-t-il, qu'à l'aide d'une méthode uniforme, l'esprit humain réussisse
à tout comprendre, à tout expliquer. Par malheur, l'emploi d'une
telle méthode amène un conflit entre la science et la conscience.

Dans ces conditions, il nous devient impossible d'affirmer notre
croyance à l'obligation morale, sans essayer en même temps la justifi-
cation négative de cette croyance. Comme d'ailleurs il est contraire à toute
méthode de dire «: je sais, je vois, je crois », sans donner ses motifs de
voir, de savoir, de croire, peut-être nous saura-t-on gré d'écouter une fois
encore les avocats de la science et de la philosophie dite scientifique.

VIII

Il ne sera nullement nécessaire, pour cela, de revenir sur des choses
dites. Déjà l'obligation avouée par les philosophes d'une école aujour-
d'hui florissante, d'unir la morale aux sciences expérimentales par l'inter-
médiaire de la sociologie rend cette union difficile : car pour rattacher la
sociologie aux autres sciences, et en particulier à la biologie, les secours
de la métaphore sont indispensables. On doit reconnaître qu'il n'est guère
d'autre façon de s'y prendre et qu'en procédant ainsi on fait preuve d'in-
géniosité, peut-être même de génialité. Toutefois les résultats obtenus
nous ont semblé fragiles et d'un fort mauvais augure pour l'avenir.
Nous n'y reviendrons pas.

D'ailleurs, avant de constituer une nouvelle morale, il importe d'avoir
raison de la morale d'autrefois. Si on réussissait à la détruire, on aurait
fait un grand pas vers le but poursuivi. Or, l'un des postulats de la
« vieille morale » n'est-il pas précisément la négation de la science ? On
ne peut, semble-t-il, croire à l'obligation sans cesser de croire au déterminisme, or non seulement l'habitude de l'esprit scientifique implante
chez ceux qui ne l'avaient point naturellement la foi au déterminisme,

mais encore l'acte de foi au déterminisme universel est le point de départ inconscient des recherches de la science.

Parmi ceux qui adhèrent au déterminisme et jugent cette croyance presque aussi indéracinable que la croyance aux axiomes mathématiques, beaucoup de savants, presque tous les savants se rencontrent : à côté d'eux, un assez grand nombre de métaphysiciens, et des plus illustres. Le système de philosophie auquel est attachée la dénomination récente de monisme est aussi ancien que la philosophie, et, par conséquent, de beaucoup plus ancien que la science. Si donc le « besoin métaphysique » prend sa source dans les instincts moraux et religieux, affirmer sa perpétuité revient à prédire, non point peut-être la fusion de la métaphysique et de la science, mais l'accord durable, définitif même de l'esprit métaphysique et de l'esprit scientifique. Nous avons imprudemment tiré des aveux de M. Guyau des conclusions qu'il repousserait pour son propre compte, car, précisément, quand il nous annonce la défaite de la religion par la philosophie, il ne prétend point que la croyance à l'impératif catégorique doive s'éterniser. Ce n'est pas seulement contre la foi religieuse qu'il dirige ses coups, et ce n'est pas pour l'*autonomie* qu'il combat l'*hétéronomie*. A l'une et à l'autre, il oppose l'*anomie* religieuse et morale, de même qu'à la croyance il propose de substituer le doute. D'ailleurs, l'*Irréligion de l'Avenir* se termine par une série d'essais prophétiques sur l'état futur de la philosophie, et, dans aucun de ces essais, la croyance à l'impératif catégorique ne trouve place. Donc, au lieu d'en conclure, ainsi qu'on l'avait fait tout d'abord, l'opposition irréductible et indestructible de l'esprit scientifique et de l'esprit métaphysique, on devrait plutôt conclure que le divorce cessera, que les deux conceptions de la philosophie soi-disant hétérogènes ne tarderont pas à se rapprocher, sinon à se rejoindre. — La philosophie de la croyance est donc condamnée à une disparition prochaine? — Non, mais il se fera un changement dans le point d'appui des croyances communes. A la croyance religieuse se substituera la croyance scientifique. Voilà l'avenir de la philosophie, voilà l'avenir du sens commun. —

Tant qu'on néglige d'interroger la conscience morale et qu'on cherche une solution du problème cosmologique d'accord avec les exigences de l'entendement, on est fatalement conduit à ériger en axiome la liaison nécessaire de tous les événements du monde ; et c'est dans cette liaison que se trouve, aux yeux des savants, la garantie de la légitimité de la science, aux yeux des métaphysiciens, la preuve du monisme. On nous dispensera, je l'espère, de consacrer à cette preuve le développement que mériterait son importance : cette preuve est partout, dans les traités des savants, dans les livres des métaphysiciens, et de part et d'autre on a pris plaisir à varier le même thème. Ici, l'on invoque la nécessité pour l'entendement ou de renoncer à penser, c'est-à-dire de perdre toute raison d'être, ou d'imaginer que tous les phénomènes de l'univers sont pour ainsi dire les harmoniques d'un même son fondamental : là, on s'appuie sur un principe de mécanique rationnelle, à savoir le principe de la conservation des forces vives, on en joint l'énoncé à celui d'une loi qu'on assure être démontrable depuis une expérience célèbre de notre grand chimiste Lavoisier; on affirme 1° que la quantité d'énergie répandue dans l'univers est indestructible ; 2° que la quantité de matière est invariable ; on « illustre » le vieil axiome « rien ne se perd, rien ne se crée », et l'on n'a point de peine à montrer que la doctrine de l'unité fondamentale des choses est le corollaire immédiat de ce double principe. Ainsi, la raison pratique aurait contre elle trois groupes d'adversaires : celui des savants qui affirment l'indestructibilité de la matière et de la force; celui des métaphysiciens qui veulent sauvegarder la possibilité de la pensée et ne savent y réussir qu'en postulant le déterminisme ; celui des psychologues et des dialecticiens d'aujourd'hui dont chacun vante l'adresse à porter les coups et auxquels on accorde généralement une autorité considérable. Ils sont plus à redouter que les autres, car pour en appeler de la raison pratique à « la science » il faut être sûr que la raison pratique est inattaquable. Or à en juger par ceux qui l'attaquent, on serait tenté de ne point faire état de ses exigences. Kant réduisait la raison pure à n'être qu'une pseudo-faculté : la raison pratique mériterait-elle une condamnation analogue ?

Dans une étude qui remonte à dix années (1) nous avons eu soin de réduire à leur juste portée les raisons des représentants de la science en faveur des principes sur lesquels « repose la physique moderne ». Notre dessein n'était pas d'interdire à la science le postulat du déterminisme, ce qui aurait équivalu à mettre la science en interdit : il était simplement d'affirmer le caractère hypothétique de ces principes, d'élever un doute sur leur universalité objective, sur leur inconditionnalité. Autres sont les axiomes constitutifs de la connaissance; autres sont les principes régulateurs de la science positive. La nécessité des premiers ne peut, semble-t-il, donner lieu à la moindre contestation; en revanche, la nécessité des seconds est hypothétique, c'est-à-dire subordonnée au but qu'on se propose en les admettant comme vrais. Si la science est l'explication des phénomènes et si l'explication d'un phénomène consiste dans la découverte des liens qui le rattachent aux phénomènes antécédents, il est trop clair que le déterminisme s'impose, non pas seulement comme la loi de l'expérience, mais comme la condition de la science expérimentale. Aussi

(1) *Des notions de Matière et de Force dans les sciences de la nature*, Paris, 1878.

bien le déterminisme scientifique ne saurait être l'objet d'une démonstration rigoureuse.

On doit convenir, cependant, qu'à défaut des moyens d'établir son universalité, les raisons ne manqueraient pas de croire que rien ne lui
échappe, ni dans l'ordre physique, ni dans l'ordre biologique. Plus le
champ du savoir s'agrandit, plus s'étend l'empire du déterminisme.
S'étend-il à tout? On ne peut en fournir la preuve, mais les raisons de
lui supposer des intermittences seraient frivoles si le sort de la science
était seul engagé. Ce qui a lieu dans les parties de l'univers accessibles
à l'observation doit vraisemblablement avoir lieu dans les parties inex-
plorées. Ainsi raisonnerait-on dans le cas où le déterminisme serait
l'unique méthode d'explication universelle. Or il se trouve dans la nature
de l'homme un certain nombre de faits qu'il rend inexplicables, si toutefois on peut donner le nom de « fait à » la conscience de l'obligation
morale. Dès lors, on est conduit à penser que la nécessité n'est pas
universelle, et que si, malgré la constance des lois auxquelles le monde
physique obéit, jamais les phénomènes de même genre ne se reproduisent
dans des conditions rigoureusement identiques, cela tient sans doute à la
présence d'éléments soustraits au déterminisme : bref, on refuse de se
laisser diriger par ce qu'on appelle l'esprit de la science et l'on escompte
en faveur de la raison pratique des résultats invérifiés et très probable-
ment invérifiables. On imite les avocats qui érigent une absence de
preuve en preuve du contraire. En a-t-on le droit?

Ce n'est point tout. En même temps qu'on se permet de ne tenir aucun
compte des avertissements de la science on s'expose à oublier ceux de la
métaphysique. Au vrai, la métaphysique spéculative et la science ont
même raison d'être; celle-ci faute de mieux se résignerait à « un savoir
partiellement unifié », l'autre viserait à ce que M. Spencer appelle « the
unification of knowledge », autrement dit à la synthèse totale des phénomènes. Savoir, penser, déterminer, conditionner, seraient, à tout prendre,
expressions synonymes. « La question de savoir comment toutes nos sen-
sations s'unissent dans une seule pensée, écrit un de nos maîtres, est précisément la même que celle de savoir comment tous les phénomènes
composent un seul univers. Il est vrai que cette dernière unité est plus
facile à admettre qu'à comprendre. Comment, en effet, plusieurs choses,
dont l'une n'est pas l'autre et dont l'une succède à l'autre peuvent-elles
cependant n'en former qu'une seule? Pourquoi une infinité de phénomènes dont chacun occupe dans l'espace et dans le temps une place
distincte, sont-ils à nos yeux les éléments d'un seul monde, et non autant
de mondes étrangers les uns aux autres? Est-ce parce que ces places, quelque distinctes qu'elles soient entre elles, appartiennent toutes à un seul

temps et à un seul espace? Mais qui nous empêche de dire que l'espace
finit et recommence avec chacun des corps ou plutôt des atomes qui
l'occupent, et que le temps meurt et renaît à chaque vicissitude des mouvements qu'il mesure? L'espace et le temps, malgré la parfaite similarité
de leurs parties, ne sont point eux-mêmes une unité, mais, au contraire,
une diversité absolue : et l'unité que nous leur attribuons, loin de servir
de fondement à celle de l'univers, ne peut reposer elle-même que sur la
liaison des phénomènes qui la remplissent. La question se réduit donc à
savoir en quoi consiste cette liaison : et nous ne pouvons, ce semble, nous
représenter sous ce titre qu'un ordre de succession et de concomitance,
en vertu duquel la place de chaque phénomène dans le temps et dans
l'espace peut être assignée par rapport à celle de tous les autres. Toutefois l'unité qui résulte d'un tel ordre n'est encore qu'une unité de fait
dont rien ne nous garantit le maintien; et l'on ne peut pas même dire
que les rapports de temps et de lieu établissent entre les phénomènes une
unité véritable, tant que ces rapports peuvent varier à chaque instant et
que l'existence de chaque phénomène reste non seulement distincte, mais
encore indépendante de celle des autres. Ce n'est donc pas dans une
liaison contingente, mais dans un enchaînement nécessaire, que nous
pouvons trouver enfin l'unité que nous cherchons : car si l'existence d'un
phénomène n'est pas seulement le signe constant, mais encore la raison
déterminante de celle d'un autre, ces deux existences ne sont plus alors
que deux moments distincts d'une seule, qui se continue en se transfor-
mant du premier phénomène au second. C'est parce que tous les phénomènes simultanés sont, comme dit Kant, dans une action réciproque universelle, qu'ils constituent un seul état de choses, et qu'ils sont de notre
part, l'objet d'une seule pensée; et *c'est parce que chacun de ces états n'est
en quelque sorte, qu'une nouvelle forme du précédent* que nous pouvons les
considérer comme les époques successives d'une seule histoire, qui est à
la fois celle de la pensée et celle de l'univers. Tous les phénomènes sont
donc soumis à la loi des causes officientes, parce que cette loi est le seul
fondement que nous puissions assigner à l'unité de l'univers, et que cette
unité est, à son tour, la condition suprême de la possibilité de la pensée. »
(Lachelier, *Du fondement de l'induction,* p. 52-54.)

IX

La page qu'on vient de transcrire porte la signature d'un métaphysicien. Quel savant ne serait prêt à y joindre la sienne? Donnez une expression mathématique à la formule : « Chacun des états du monde n'est en
quelque sorte qu'une forme du précédent », et vous aurez bientôt rejoint

la loi de la conservation des forces vives. ou encore, celle de la perma-
nence quantitative de la matière ; elles sont d'ailleurs, ce nous semble du
moins, rivées l'une à l'autre. Devant cette coalition des métaphysiciens
et des savants quel peut être le sort de la raison pratique ? Recourra-t-elle
à la solution de Kant, et se réfugiera-t-elle dans un monde affranchi des
conditions de temps et d'espace ? En se retranchant du monde des phénomènes elle laisserait la science gagner de proche en proche, englober
peu à peu tout l'univers dans le déterminisme et elle s'éviterait l'obli
gation de protester contre ses empiétements. Par malheur cet avantage,
assurément incontestable, de la théorie kantienne serait plus que compro-
mis par des inconvénients graves, impossibles à éviter selon nous.

Un monde de noumènes superposé à celui des phénomènes, et soustrait aux exigences du temps, échapperait à la loi des causes efficientes.
En effet, que deviendrait la causalité dans un monde exempt de succession ? Or l'obligation morale (encore que nous ayons négligé de le dire,
chacun le sait sans l'avoir jamais appris) implique dans l'agent le pouvoir
de faire passer à l'acte des possibles ‹ qui ne devaient point fatalement
être réalisés › et d'écarter certains autres possibles dont l'exclusion
n'était point fatale. Ainsi, le libre arbitre. sans lequel l'obligation morale
serait un mot et rien de plus, implique, sinon que le déterminisme ne
règne nulle part, du moins qu'il ne saurait régner partout : sa réalité n'est
nullement en cause, mais seulement son universalité. Cette universalité,
dont la preuve empirique se cherche encore, et peut-être se cherchera
toujours, paraît recevoir une démonstration apodictique, non des savants,
mais des philosophes. Il ne reste donc plus qu'à chasser le libre arbitre de
ce monde.

Kant et ses disciples ont prononcé son exil. Lui ont-ils trouvé un
refuge? D'abord l'existence des noumènes n'est pas plus assurée que ne
l'était, aux yeux d'Aristote, celle des nombres de Pythagore ou des idées
de Platon. Parler des noumènes avec Kant, ou de l'Inconnaissable avec
M. Spencer, c'est avouer que l'entendement humain ne saurait franchir
certaines bornes, et par suite, s'interdire à l'avance toute hypothèse ou sur
la nature de l'inconnaissable ou sur les lois par lesquelles le monde intelligible est gouverné. Quand bien même il y aurait des chances pour qu'un
tel monde échappât au déterminisme mécanique et par conséquent à la
liaison nécessaire des effets et des causes, serait-ce une raison de conclure
qu'il est exempt de toute nécessité? Le Dieu de Spinoza se distingue de
ses modes : envisagé dans son inaltérable essence il n'a rien en lui que
d'éternel, de non successif et pourtant il n'a rien en lui que de nécessaire.
La vérité de l'axiome ne se rattache à aucune autre qui lui soit logiquement
antérieure. Dira-t-on qu'il est affranchi de toute nécessité? Mais alors sa

vérité va devenir contingente, problématique, incertaine et d'axiome il
va descendre au rang d'hypothèse. La nécessité n'est point l'esclave du
temps; elle peut avoir besoin de lui pour se manifester dans ce monde
d'apparences ; elle ne lui en est pas moins antérieure et supérieure. Cessons de croire aux noumènes dans l'intérêt du libre arbitre, et afin de
lui trouver un refuge : leur existence loin d'être une garantie pour notre
liberté serait une garantie contre elle : si le monde intelligible et le
monde sensible ne sont pas étrangers l'un à l'autre il est plus vraisemblable d'expliquer la liaison fatale des événements par une nécessité
intemporelle que par une liberté intemporelle.

Aussi bien qu'est-ce qu'une liberté intemporelle? Admettre avec Kant
que l'homme a fait choix de son caractère avant de se soumettre au déterminisme des causes efficientes, n'est-ce pas introduire la succession dans un
monde d'où on l'avait exclue tout d'abord? Ou ce choix est nécessaire,
imposé à l'homme noumène par sa nature propre, comme l'égalité à
quatre angles droits est imposée au losange en raison de sa définition :
ou ce choix est libre, et il a lieu entre plusieurs possibles. Ici, je l'avoue
il faut renoncer à comprendre, — traduisez : il faut parler sans savoir ce
que l'on dit, ou il faut convenir que la notion d'un choix entre des
possibles évoque les notions de *pendant*, d'*avant*, d'*après*. Voilà donc
l'homme intelligible de Kant, rabaissé au niveau de l'homme sensible.
La fiction du noumène, outre qu'elle est une fiction, ce que l'on se réserve
de démontrer ailleurs avec plus de détails, est une fiction embarrassante,
dangereuse à la cause dont elle devait préparer le succès. Décidément il
n'est que deux attitudes possibles à l'égard du libre arbitre : ou voter la
mort sans phrases, puisqu'il n'a point de refuge en cas d'un vote de
bannissement, ou lui permettre de subsister dans le monde des phénomènes.

S'arrêter à ce dernier parti, c'est substituer à la métaphysique déterministe, dirai-je une autre métaphysique ? A peine en a-t-on le droit, car
il ne se trouve pas un seul métaphysicien dans toute l'histoire, s'appelât-il
Aristote ou Descartes, pour adhérer franchement au libre arbitre. — Mieux
vaut dire une autre *philosophie* dans laquelle on ferait la part de la contingence, sans toutefois se prononcer sur les cas spéciaux où cette contingence se manifeste, non plus que sur la rareté ou la fréquence de ces
cas. On peut croire au libre arbitre des décisions humaines et n'être
point capable, en présence d'une action donnée, de fixer exactement ce
qui en cette action relève, soit de la contingence, soit du déterminisme :
le témoignage de notre propre conscience, pour n'être pas sans valeur,
n'est pas nécessairement infaillible. Il est au pouvoir de tout le monde
d'affirmer que tel jour à telle heure il a librement agi : il n'est au pouvoir

de personne de faire partager sa conviction. Aussi bien l'indéterminisme sera-t-il toujours indémontrable et ne pourra-t-il invoquer en sa faveur que l'impuissance d'établir l'universalité du déterminisme. Soient, par exemple, deux faits successifs A et B ; je cherche la raison de leur séquence et ne la puis découvrir. Pourquoi ? serait-ce que cette raison est absente ? on peut le supposer. On peut supposer aussi qu'elle est présente et, malgré sa présence, inaperçue. Les deux hypothèses se font équilibre, et cet équilibre ne peut être rompu que par une décision de notre volonté. D'autre part, pour que la volonté se décide à le rompre en faveur de la doctrine de la contingence, il lui faut des motifs ; enfin puisque la science et la métaphysique (spéculative), toutes deux réunies, font pencher la balance du côté des déterministes, c'est dans la raison pratique que les motifs veulent être puisés. L'hypothèse du noumène permettait à Kant de sauver la liberté et de garder la nécessité : il le croyait du moins. Faute d'accepter cette hypothèse, si nous ne voulons renoncer au libre arbitre, nous sommes contraints d'ébranler le dogme de la nécessité universelle.

X

Ébranler le dogme de la nécessité universelle, y pense-t-on ? S'il est prouvé que l'entendement n'existe qu'en vue de l'explication des choses, si l'on admet d'autre part que penser revient à expliquer, c'est-à-dire à conditionner, pourquoi ne pas s'en tenir à la solution de Kant? Elle est hypothétique, sans doute, attendu qu'il nous est impossible de savoir si dans le monde des noumènes la liberté peut trouver place. D'autre part, si la nécessité gouverne un tel monde, non seulement nous l'ignorons, mais encore les raisons pour qu'il en soit ainsi ne sont pas décisives.

On connaît ces raisons : on sait que des intérêts d'ordre pratique peuvent seuls les combattre. On sait que si le monde des noumènes et celui des phénomènes ne sont pas absolument étrangers l'un à l'autre, l'hypothèse la plus correcte, parce qu'elle est la plus vraisemblable, consisterait à se représenter le premier sur le type du second : pourquoi vouloir que le phénomène, s'il dérive du noumène, n'en soit point le reflet? Pourquoi, si la liberté est de ce monde-là, ne serait-elle point de ce monde-ci ? Et inversement, la présence de la nécessité dans notre univers sensible ne dériverait-elle point d'une autre nécessité dont l'univers intelligible serait l'esclave ? Nécessité et succession pour n'être pas incompatibles ne sont nullement indissociables.

Tout à l'heure on avouait que si le déterminisme universel des phénomènes pouvait être contesté, il ne pouvait l'être qu'en vertu de raisons d'ordre moral. Qu'il s'agisse de phénomènes ou de noumènes, la situation

ne change pas. Pour refuser le déterminisme au monde des noumènes
il faut désintéresser la raison spéculative de ce qui s'y passe et lui fermer
l'accès de ce monde. Kant a pris cette précaution : la question est de savoir s'il a eu autant d'habileté que de prudence. Or il s'en faut que sa
critique des antinomies ait été jugée, par tous, victorieuse. Mais la raison
spéculative ne pourrait franchir l'enceinte de l'univers nouménal sans le
métamorphoser, sans lui imposer le déterminisme des causes efficientes,
et c'est évidemment ce que Kant a voulu dire quand il nous a
représenté la raison de l'homme comme une captive emprisonnée dans
une caverne d'apparences. Il restera donc toujours à se demander si le
monde des noumènes est le monde de la force ou celui de la grâce : la
nécessité est le nom de la première, la liberté est le vrai nom de la seconde.

Encore une fois si la conscience morale ne nous invitait à la seconde
hypothèse, la première rallierait tous les esprits. Mieux vaut donc rester
dans le monde sensible, et sans sortir de ce monde affirmer que la loi des
causes efficientes souffre des exceptions.

Peut-être on insistera sur le conflit créé par notre décision entre la
pensée spéculative et la conscience morale : nous répondrons que ce
conflit est décidément inévitable, qu'il dure depuis des siècles, que chaque fois qu'il a pris fin chez les philosophes il s'est terminé par la capitulation de l'une ou de l'autre, implicite ou explicite. Entre la philosophie
de la nécessité et celle de la contingence, c'est donc aujourd'hui, comme
par le passé, aujourd'hui, comme toujours, au philosophe à choisir.

Il est convenu que l'hypothèse déterministe doit prendre rang de
vérité, sous peine de laisser les inductions de l'expérience livrées à l'incer-
titude; il est incontestable que l'entendement, ouvrier de la science, et
dont l'œuvre, à mesure qu'elle se perfectionne, est une source de satisfac-
tions durables, ne peut les éprouver sans mélange, tant qu'il reste un
doute sur l'universalité de la loi de connexion nécessaire; alors le monde
n'est plus un, il n'est plus l'univers. D'autre part, ainsi qu'on en a déjà
fait la remarque, il serait imprudent d'oublier que ce déterminisme n'a
point partout le degré d'évidence suffisant pour forcer ses adversaires à
capituler. Là où on ne le trouve qu'à la condition de le supposer
présent, la supposition contraire n'est-elle pas permise? n'est-elle
point « scientifiquement admissible » ? Encore une fois, le propre du
doute est de laisser le champ libre à deux affirmations qui se contrarient,
donc à deux suppositions dont l'une risque d'être aussi vraie que l'autre.
On ne peut sortir d'un tel doute qu'à l'aide du *pari;* dans le cas présent
le pari ne saurait être un jeu. Le terme de l'alternative qui en serait l'objet
ne serait point choisi sans motifs et l'on sait, d'autre part, quelle alternative
s'imposerait au choix de tous si l'on refusait de se laisser conduire par des

motifs étrangers à l'ordre scientifique. On parierait pour le déterminisme. Si l'on parie contre, c'est pour sauvegarder d'autres intérêts que
ceux de la science. Dès lors la démonstration que ces « autres intérêts »
sont illusoires aurait pour effet inévitable le triomphe de la croyance
déterministe.

XI

Peut-on réfuter ces démonstrations? Je vais plus loin et je demande :
peut-on refuser de les réfuter? Est-on dans son plein droit en leur
opposant la question préalable? La réponse est embarrassante : « La vérité
ne vaut pas le rêve, mais elle a cela pour elle, qu'elle est vraie : dans le
domaine de la pensée, il n'y a rien de plus moral que la vérité. » Le devoir de se renseigner sur le vrai, autrement dit sur ce qui mérite d'être
cru, ne défend-il pas au philosophe cette attitude de songe en pleine veille,
et de songe conscient et voulu? L'excuse du rêve est dans le sommeil pour
les bien portants, dans le trouble des sens pour les malades; l'excuse du
mensonge est dans l'ignorance 'ou dans l'innocence, deux causes auxquelles il doit de rester à la surface de l'âme et d'être à peine digne de
son nom. En revanche le mensonge complet est inexcusable, et toute
croyance au devoir, dédaigneuse des objections dirigées contre elle, est
une croyance mensongère.

Pourtant si l'on prête attention à toutes ces controverses, si l'on attend
pour avancer dans la vie que le feu de l'ennemi soit éteint, comme s'il
ne suffisait pas pour continuer sa route de se mettre hors de la portée de
ses coups, si l'on s'efforce de rendre pour ainsi parler son esprit semblable
à une salle de délibérations où chacun aurait le droit d'entrer, mais à la
condition de ne plus sortir, si l'on veut écouter toujours les autres et jamais
soi-même, si l'on veut rester étranger chez soi, si..... Quand on aurait
la patience d'égrener jusqu'au bout ce chapelet d'hypothèses, est-on sûr,
au terme de l'opération, de trouver ce que l'on cherche, à savoir, une
sentence d'absolution ou de condamnation pour ces esprits voyageurs,
plus curieux d'écouter parler les autres que de se regarder penser eux-
mêmes? Le devoir envers la vérité n'implique-t-il pas le pouvoir de la
découvrir? —

Mais, sachons le reconnaître, le bruit qui se fait autour de la conscience
morale n'est pas l'effet d'un mouvement intellectuel sans analogues dans
les siècles qui ont précédé. Aristippe est un contemporain de Socrate,
Épicure n'est pas loin d'Aristippe, et s'il vivait de notre temps, il enver-
rait ses disciples à l'école de M. Herbert Spencer. La morale d'aujourd'hui
qu'on oppose à la morale d'hier est presque du même temps. Le déblaie-
ment achevé par Kant fut commencé par Socrate et la doctrine eudémo-
niste de l'école anglaise est le perfectionnement de la morale attribuée

aux sophistes. Ici les éléments d'une querelle d'anciens et de modernes se chercheraient sans résultat, car la querelle remonte presque aux
origines de la philosophie et l'espoir qu'elle va bientôt prendre fin reposer, par conséquent, sur des raisons fragiles.

Ainsi ce sera toujours à recommencer, et les répliques succéderont
aux répliques; dès lors il est à présumer que l'on se répétera de part
et d'autre, que déjà même, on subit la nécessité de rajeunir dans
l'un et l'autre camp des raisons plus vieilles que vieillies; on aurait
donc bien vite fait de les connaître et d'en éprouver la valeur. « L'homme
de cœur, dit un héros de G. Sand n'a pas le droit de savoir s'il y
a quelque chose de plus agréable que le devoir; » du moins il lui est enjoint
de s'assurer qu'en s'imposant l'obligation de vivre en homme de cœur, il
ne ment se pas à soi-même. Or, n'en doutons plus, il lui est possible de
s'en assurer, et l'enquête sera courte, s'il sait la bien conduire.

Sera-t-elle décisive ? A dire vrai, nous la jugeons telle. Nous jugeons,
après examen, que les adversaires de la raison pratique prennent vis-à-
vis de ceux qui la défendent l'attitude par eux condamnée : ils leur opposent la question préalable. Ils veulent prouver que l'obligation morale
est une illusion, et pour s'en donner la preuve, ils lui cherchent des *équivalents*.
« Ils la tournent, donc ils la respectent », dirait un disciple de *Maître Guérin*.
— Non, ils lui tournent le dos ce qui est bien différent. On ne détruit que ce
que l'on remplace, dit le vieux proverbe ; d'autre part le désir de remplacer suppose toujours la volonté antécédente de détruire et la conviction d'avoir détruit. Détruire l'obligation morale, telle a donc été l'intention
des partisans de l'empirisme ou de l'évolutionisme. Pourquoi ? Parce que la
réalité de cette obligation compromet le succès de l'évolutionisme et de
l'empirisme, parce que ces doctrines seraient ou risqueraient d'être fausses
si elles laissaient inexpliqué tout un ordre de phénomènes; parce qu'un
système se condamne du jour où il renonce à être une méthode d'explication universelle. Voici comment débute la *Préface* de la *Critique des
systèmes de Morale contemporains :* « Tout est remis en question, aucun
principe ne paraît solidement établi ou du moins à lui seul suffisant, ni
celui de l'intérêt personnel, ni celui de l'utilité générale, ni celui de l'évolution universelle, ni « l'altruisme » des positivistes, ni la *pitié* ni le
nouveau nirvana des pessimistes, ni le devoir des Kantiens, ni le bien
en soi et transcendant des spiritualistes. On a écrit jadis des pages émouvantes pour montrer comment les dogmes religieux finissent, on pourrait
en écrire aujourd'hui de plus émouvantes encore sur une question bien
plus utile : *Comment les dogmes moraux finissent*. Le devoir même, sous la
forme suprême de l'impératif catégorique, ne serait-il point un dernier
dogme, fondement caché de tous les autres, qui s'ébranle après que tout

s'est écroulé ? » Ainsi dès le début de ses recherches, l'auteur de ce livre, l'un des plus subtilement pensés de notre temps, oppose aux affirmations préalables de ceux qu'il va combattre, des négations préalables. A ceux qui contestent l'application universelle des méthodes scientifiques, il répond par une déclaration contraire et il ne justifie point cette déclaration.

Avant de s'attaquer à la morale de Kant et de ses disciples, il commence par s'inscrire en faux contre les principes sur lesquels cette morale repose et contre la méthode qui permet de les établir. Dès lors l'intérêt du livre est déplacé et l'on y examine une question différente de celle qu'on semblait avoir résolu de traiter. Au lieu de discuter pour ou contre les droits de la science et de déclarer légitimes ou illégitimes les prétentions des représentants de la méthode scientifique à l'appliquer en tout et partout, on s'occupe des conséquences, des résultats et des « bouleversements » auxquels conduirait l'application de cette méthode. On prend un à un les systèmes de morale, on les détaille, on les décompose en une suite de thèses et l'on se demande à propos de chacune d'elles : « Que faut-il en penser au nom de la science ? » Et quand on donne l'*exeat* ou que l'on refuse de laisser passer, on se figure avoir bien rempli sa tâche !

La tâche qu'on devait remplir est ailleurs. Qu'importent ces permis de circulation donnés ou refusés par la science, si la science n'a point le droit de les délivrer ! Qu'elle ait ce droit, voilà ce dont il fallait, tout d'abord, fournir la preuve, et ce qu'on a négligé de prouver.

XII

On ne saurait pourtant mieux dire que M. Fouillée. Oui, l'impératif catégorique est un dogme (1), car il ne s'impose pas du dehors, car il n'est pas une de ces vérités que l'on reçoit. Il est une vérité que l'on se donne et que l'on peut toujours ébranler. Pour mettre fin à ce dogme, il suffit d'en secouer le joug. La foi en le devoir est une obligation, à laquelle on est libre de se soustraire ; on s'y soustrait, du moment où l'on discute ses titres.

L'impératif catégorique est un *dogme*. On se tromperait, néanmoins, en appelant la philosophie pratique de Kant un « dogmatisme moral ». Le nom de « dogmatiques » convient aux partisans de l'évidence objective ; mais ce genre d'évidence, dans lequel Descartes plaçait le *criterium* de la vérité, accompagne-t-il les vérités morales ? S'il s'est *défendu* de discuter les ordres de l'impératif, c'est qu'il est *possible* de les discuter. Or Descartes

(1) *Dogme* est synonyme de *croyance* : l'évidence d'un dogme ne saurait donc être objective. Pourquoi faut-il, que dans le vocabulaire des philosophes l'attitude des partisans de l'évidence, autrement dit, d'une théorie réaliste de la certitude ait reçu le nom de *dogmatisme* ? On ne peut aller contre l'usage, il faut avouer, seulement, qu'ici, l'usage à singulièrement tort.

ne prend point la peine de défendre qu'on mette le *cogito* en doute; une
telle interdiction, même venant de Dieu, resterait sans effet. L'évidence de
l'impératif catégorique est donc d'une tout autre nature.

« Kant a annoncé, et commencé la critique de la raison pratique, de
la moralité, à vrai dire il ne l'a pas faite ou achevée. A son exemple, on
a souvent critiqué les principes empiriques de la morale, mais on n'a fait
qu'une critique incomplète de ces principes purs ou rationnels, notam-
ment du *devoir* et de la *loi*... La critique de la moralité reste donc à faire. »
Ainsi s'exprime l'auteur de la *Critique des systèmes de Morale contemporains*
auquel il arrive, volontairement ou à son insu, de jouer sur le terme
critique. Ne dirait-on pas que toute critique doit aboutir à une dissolution? Ne dirait-on pas que « critiquer » les fondements de la métaphysique
des mœurs équivaut à *ruiner* ces fondements? Ne dirait-on pas que toute
critique reste forcément incomplète tant qu'elle ne se montre pas impitoyable? Partout où elle a passé il faut alors que plus rien ne subsiste?
On est rarement impitoyable sans être aveugle, et si l'on a pris la réso-
lution de s'attaquer à tout, c'est comme si l'on s'était juré à l'avance de
n'être jamais impartial. Kant a prononcé un verdict de condamnation
contre la raison pure, dans son usage spéculatif : M. Fouillée approuve.
Il a rendu un verdict contraire quand il s'est agi de la raison pratique :
M. Fouillée désapprouve : Kant aurait manqué de courage et de conséquence à ses yeux. — Un tel reproche se comprendrait, si, après avoir refusé
toute valeur apodictique aux conclusions de la *Raison Pure*, il avait attribué
une valeur de ce genre aux thèses et aux postulats de la *Raison Pratique*.
Mais ce n'est au nom d'aucun des principes formels de la pensée qu'il
déclare indiscutable la réalité de l'obligation : c'est au nom de la moralité
elle-même. Il *défend* qu'on la conteste, il n'a jamais prétendu qu'il fût
absurde de la contester. Il a donc *critiqué* les fondements de la morale,
puisqu'il a fourni, tout au moins indirectement, les moyens de démontrer
que l'adhésion à l'impératif catégorique est une adhésion libre ; je n'ai
point dit : une adhésion frivole ou indifférente. Il ne s'agit pas, comme
certains le pensent d'une adhésion sans motifs.

Quels seront ces motifs? Le seul valable pour l'intelligence serait la
nécessité de subir l'obligation morale comme on subit une nécessité
logique : on croirait au devoir, ainsi que l'on croit au principe de contradiction. Mais une croyance revêtue de ces caractères détruirait l'autonomie
de la volonté : elle détruirait donc jusqu'à son propre contenu. Une autre
erreur fréquente consiste à prendre l'obligation morale pour un fait
et à comparer son évidence à la clarté du jour. On raisonne comme si la
liberté de désobéir aux injonctions de l'impératif était seule en notre pouvoir.
Attribuons au libre arbitre une portée plus étendue : admettons que ce qui

est libre ce n'est pas seulement notre obéissance à la loi, mais encore notre reconnaissance de la loi et nous comprendrons, tout de suite, pourquoi l'unanimité des philosophes ne se prononce point en sa faveur : cette loi n'est ni matériellement ni logiquement incontestable. Si l'homme était intelligence pure, il ne la chercherait ni ne la trouverait en lui.

En donnant au libre arbitre le pouvoir d'empêcher ou de susciter la croyance à la réalité de l'obligation, nous pensons rester conforme sinon à la lettre, du moins à l'esprit de la doctrine de Kant. Aussi bien si nous faisions preuve, à cet égard, de non-conformisme, ce non-conformisme ne serait pas pour nous déconcerter. Il s'agit moins ici de ce que Kant a pensé que de ce qu'il nous faut penser nous-mêmes.

Donc, à nos yeux, l'obligation ne serait ni un fait proprement dit, objet d'un jugement assertorique, ni une vérité, objet d'un jugement apodictique. — Alors elle serait une hypothèse? — Non, car il est contradictoire d'être assuré d'une hypothèse, et les partisans de la discipline kantienne ne *supposent* point le devoir : ils le *posent*. — Donc ils en sont certains? — Donc ils s'en *font* certains et leur certitude, pour être leur œuvre, n'en reste pas moins ferme.

Le moindre des services rendus à la morale de Kant par la critique contemporaine sera d'avoir mis nettement en lumière le caractère libre et gratuit de l'affirmation du devoir. On l'affirme *gratuitement*, par une sorte de *grâce* qu'on se fait à soi-même. Et cette grâce, on se la donne, non pour assurer le salut d'intérêts mesquins (la morale utilitaire suffit au maintien de l'ordre extérieur dans la société), mais pour travailler à son propre perfectionnement. On pose le devoir, on l'établit comme la règle de sa conduite, parce que cela est bon. Comme le bien que l'on y trouve est pur de tout gain positif, comme en s'y abandonnant on ne fait, pour ainsi parler, que s'enrichir à l'intérieur, on ne peut démontrer aux autres que ce bien est incomparable, d'une valeur infinie, que la valeur attachée à la science n'est rien au prix de celle-là.

XIII

Les partisans contemporains d'une morale « sans obligation ni sanction » admettent que chaque fois que nous nous croyons obligés, nous subissons l'influence d'une nécessité pratique interne, que dans certains cas nous sommes poussés en avant par une impulsion soudaine : nous marchons parce qu'il faut marcher. Un ouvrier, dont M. Guyau nous parle (*Esquisse d'une morale sans obligation ni sanction*, p. 38. Paris, Alcan, 1884), et qui a vu succomber quatre de ses camarades asphyxiés par les émanations d'un four à chaux, veut s'y précipiter à la suite des autres. On le

retient sur le bord : « Mes compagnons se mouraient; il fallait y aller. »
D'autrefois, au lieu d'être poussés nous sommes *arrêtés* : « Un jour, écrit
Jules Lequier, dans le jardin paternel, au moment de prendre une feuille
de charmille, je m'émerveillai, tout à coup, de me sentir le maître
absolu de cette action toute insignifiante qu'elle était. Faire ou ne pas
faire! Tous les deux si également en mon pouvoir! Une même cause,
mais capable au même instant, comme si j'étais double, de deux effets
tout à fait opposés, et, par l'un ou par l'autre, auteur de quelque chose
d'éternel, car quel que fût mon choix, il serait éternellement vrai qu'en ce
point de la durée aurait eu lieu ce qu'il m'aurait plu de tenter. Je ne suffisais
pas à mon étonnement, je m'éloignais, je revenais, mon cœur battait à
coups précipités... » Ici c'est un dialogue intérieur sur un sujet d'où l'obligation morale paraît absente à première vue : au fond, sans elle, il n'y
aurait point eu de dialogue, c'est elle qui en est l'inspiratrice «[présente et
invisible », et qui retarde l'accomplissement de l'acte. Enfin au lieu d'agir
sous la forme d'une impulsion ou d'une répression subite, l'obligation agit
sous la forme d'une pression intérieure, d'une tension constante. On
dirait d'une « auto-suggestion ».

Et pourtant cette obligation qu'on semble si bien décrire, on ne s'in-
génie à l'analyser avec tant de soin que pour mieux en expliquer la
genèse et l'on ne se montre aussi soucieux d'en expliquer la genèse que
pour la dissoudre et finalement la détruire. —

En effet, d'après M. Guyau, le sentiment de l'obligation ne prouve en rien
la *réalité* de cette obligation. Ce sentiment, dont la présence au sein de l'âme
humaine se passe de preuves, attendu que les occasions de le constater en
soi-même se rencontrent, pour chaque homme, presque à chaque pas dans
la vie, ce sentiment pourrait être, on le disait en commençant, le résultat
d'une combinaison quasi chimique d'éléments dépouillés par eux-mêmes
de tout caractère moral. Il ne suffit pas de dire : Je me sens obligé pour
avoir le droit de dire : Je suis obligé. Un sentiment, d'ailleurs, est moins
un fait que le signe d'un fait, et le signe n'est pas nécessairement homogène
à la chose signifiée. Parmi les relations irréductibles que les psychologues
supposent présider au groupement des notions, se trouve celle de signe
à chose signifiée, nullement analogue aux rapports d'espèce et de genre. Le
sentiment, dirait un péripatéticien n'a de valeur que par l'acte auquel il
s'ajoute et qu'il vient parfaire. On ne saurait dès lors dispenser le
sentiment moral de produire ses titres. Il faut descendre jusqu'à « la racine
de sa noble tige » et peut-être on s'apercevra que cette noblesse est
d'origine douteuse.

D'abord, toujours selon M. Guyau, il est aisé de voir que la manière
dont se manifeste l'obligation permet d'établir entre elle et les penchants

une analogie difficilement contestable. On peut donc substituer le mot
« instinct » au mot « obligation ». Puis, cette substitution faite, il nous
apparaîtra que, non seulement le mot, mais encore la croyance désignée
par ce mot, sont fatalement condamnés à disparaître, car : « Tout instinct
tend à se détruire en devenant conscient. » (*Ibid.* p. 53.)

Est-ce une loi qu'on vient d'énoncer? Est-ce un postulat qu'on nous
demande d'accepter, non sans preuves, je l'accorde, mais sur la foi d'un
petit nombre de preuves insuffisantes? L'instinct de l'allaitement, nous
dit-on, tend de nos jours à disparaître chez beaucoup de femmes. « Il y a
un phénomène bien plus essentiel encore, le plus essentiel de tous, celui
de la génération qui tend à se modifier d'après la même loi. En France
(où la majorité du peuple n'est pas retenue par des considérations religieuses), la volonté personnelle se substitue partiellement, dans l'acte
sexuel, à l'instinct de reproduction. De là, en notre pays, l'accroissement très
lent de la population... Voilà un exemple frappant de l'intervention de la
volonté dans la sphère des instincts. L'instinct n'étant plus protégé par une
croyance religieuse ou morale devient impuissant à fournir une règle de
conduite. » Ce n'est pas tout encore : » Le simple excès de scrupule peut en
venir à dissoudre l'instinct moral : par exemple chez les confesseurs et chez
leurs pénitentes. Bagehot remarque de même qu'en raisonnant à l'excès
sur la pudeur, on peut l'affaiblir et graduellement la perdre. Toutes les
fois que la réflexion se porte constamment sur un instinct, sur un penchant spontané, elle tend à l'altérer. Ce fait s'expliquera peut-être physio-
logiquement, par l'action modératrice de l'écorce grise sur les centres
nerveux secondaires et sur toute action réflexe. Toujours est-il que si un
pianiste, par exemple, joue par cœur un morceau appris mécaniquement,
il faut qu'il le joue avec confiance et rondeur, sans s'observer de trop
près, sans vouloir se rendre compte du mouvement instinctif de ses doigts :
raisonner un système d'actions réflexes ou d'habitudes, c'est toujours le
troubler (*Ibid*, p. 66). » Ces faits sont incontestables. Les conséquences qui
en résultent sont-elles nécessairement de nature à compromettre la réalité
de l'obligation morale? M. Guyau le pense; nous ne le pensons pas.

— L'instinct de l'allaitement tend à disparaître. — D'accord; et il
s'ensuit que le nombre des mères nourrissant elles-mêmes leurs enfants
diminue de jour en jour. Mais cette diminution constatée, il faudrait, en
outre, acquérir la preuve que toutes les mères qui ont réfléchi sur l'instinct de l'allaitement l'ont dissous par la réflexion et ont définitivement
renoncé à le satisfaire. Autre objection : les scrupules de *tous* les confesseurs et de *toutes* les pénitentes ont ils pour effet de dissoudre l'instinct
moral? Enfin, on peut discuter pour savoir s'il est bon d'aimer ses enfants,
ses parents, sa patrie, sans que la discussion aboutisse dans tous les cas

à la disparition de ces penchants. Or, M. Guyau, comme M. Fouillée,
d'ailleurs, pense qu'il en est des instincts que l'on critique comme des
places fortes que l'on assiège : la capitulation tôt ou tard est infaillible.
Cela nous paraît insoutenable.

— Mais nous prenons mal la pensée de M. Guyau : dans sa pensée la
dissolution de l'instinct n'est que possible : il n'y a point dissolution, il y
a simplement tendance à la dissolution. — Soit. Aussitôt l'intérêt du
problème se déplace : quand on constate la tendance de l'instinct à se
dissoudre, on est tenu de prouver qu'aucune force n'arrêtera cette tendance.
Dès l'instant que toute inclination analysée court la chance d'être détruite,
semblable au prévenu qui court la chance d'être condamné, du moment
qu'on ne peut prédire à l'avance les résultats ou de l'interrogatoire ou de
l'analyse, rien ne sert de signaler cette tendance à la destruction.

L'essentiel serait de démontrer qu'elle est invincible : or aux exemples
cités par M. Guyau d'autres exemples s'opposent. L'analyse détruit quel-
quefois; d'autres fois elle éclaire et consolide; d'autrefois elle transforme.
La vérité est que vouloir se rendre compte, c'est troubler ce dont on veut
se rendre compte. Mais où est la preuve que ce trouble sera durable au
point d'être fatal? Chimène a beau se rendre compte des titres de Rodrigue
à sa haine, l'amour l'emporte et sort de cet analyse plus résistant que
jamais.

Dira-t-on que l'analyse agit sur les sentiments d'une tout autre manière
que sur les instincts (1)? D'abord il semble que de l'instinct au sentiment
la distance n'est pas infranchissable. Il y a plus : si elle l'était, si pour
qualifier l'obligation morale nous avions à choisir entre *sentiment* et *instinct*,
notre hésitation ne serait point longue. L'obligation morale n'a rien de
l'instinct ou de l'action réflexe; elle est au contraire l'objet d'un sentiment très réfléchi, d'autant plus moral qu'il est plus réfléchi. Il ne nous
paraît pas que M. Guyau en ait fait la remarque; il ne nous paraît pas
non plus qu'il ait heureusement choisi ses exemples d'actes moraux.
L'ouvrier qui veut se précipiter dans le four pour sauver ses semblables alors que quatre ont déjà péri commet une action folle, témé-
raire; M. Guyau juge sa réponse admirable : Il n'y a que les héros, dit-il,
pour faire de telles réponses. Les héros, oui, sans doute, et aussi les
hypnotisés. Aussi bien, admirable ou non, la réponse est d'un homme
qui ne se possède plus, qui cède plus encore à la contagion de l'exemple
qu'à la conscience nette d'une obligation clairement comprise et clairement consentie. En s'appuyant sur de tels exemples on ne peut manquer
d'atteindre son but. Il s'agit de prouver que l'obligation morale naît d'un

---

(1) C'est en effet à l'*instinct* que M. Guyau entend réduire le sentiment moral

sentiment, lequel à son tour naît de je ne sais quelle force impulsive, plus ou moins aveugle et dont les racines plongent jusque dans l'animalité : voilà la thèse. Pour en assurer la démonstration, on invoque des actes qui font honneur à la nature humaine, actes dont il y a peut-être lieu de dire qu'ils sont admirables, non qu'ils sont louables, au sens exclusivement moral du terme. Il y a là une singulière confusion de deux ordres. celui de la beauté, celui de la bonté : il y là une singulière obstination à ne vouloir regarder les actes que du dehors, à confondre, comme dirait M. Edmund Clay, la moralité *esthétique* et la moralité *éthique*. Celle-ci ne s'aperçoit que du dedans.

XIV

Ainsi, rien n'est plus contestable que cette « chimie mentale » dont l'office serait de composer l'obligation à l'aide de phénomènes dépourvus d'un caractère obligatoire. Il resterait encore à prouver que l'*instinct* est la source de l'obligation, mais l'on serait contraint d'avouer que cette preuve échappe. Certes l'obligation morale apparaît tout d'abord sous une forme concrète, enveloppée dans un sentiment. Mais, loin que ce sentiment résiste à l'analyse, il semble au contraire n'avoir rien à en redouter : plus on y regarde, plus on réussit à en éliminer les sentiments égoïstes et altruistes qui lui font cortège et le rendent, pour un temps, inobservable. Ces sentiments émergent en quelque sorte à la surface de l'âme, ils se traduisent assez facilement par les jeux de la physionomie, par les attitudes et les mouvements du corps : on n'a qu'à ouvrir les yeux pour les enregistrer, puis quand on en a pris note, on s'imagine qu'il ne reste plus rien à observer. Pourtant, si l'on persiste et qu'on regarde encore, on s'aperçoit que le sentiment moral n'a que des analogies lointaines, très lointaines, avec l'amour de soi ou l'amour des autres, qu'il a pour cause, non l'instinct aveugle ou de conservation personnelle ou de conservation sociale, mais la conscience de plus en plus nette d'une possibilité de perfection à laquelle on se juge obligé de tendre. Ce n'est point au-dessous de soi qu'il faut chercher la racine du sentiment moral, ni au-dessus. Ce monde, soi-disant intelligible, jusqu'où l'on souhaiterait de s'élever pour y trouver le siège de l'obligation ou de la volonté absolument bonne et droite ne saurait être soustrait aux conditions du temps et de l'espace. Quant même on saurait, sans recourir à la double forme de l'intuition *a priori*, se procurer la conception d'un tel monde, on y dépouillerait la bonne volonté de ce qui la rend vivante. Descendue, pour ainsi dire, à l'état d'abstraction, de virtualité, elle perdrait toute vertu. On lui trouverait je ne sais quoi de glacé, de rigide, d'inerte qui la rendrait méconnaissable, et il ne resterait plus qu'à donner le coup de grâce.

Ne regardons ni au-dessous ni au-dessus de nous-mêmes, regardons à hauteur d'homme et avec nos seuls yeux sans nous aider de loupes ou de microscopes : en nous, dans ce monde de phénomènes soumis à la loi du temps, nous trouverons l'obligation morale : nous la trouverons revêtue de ses caractères classiques, telle que le sens commun la reconnaît quand on la lui décrit. Si nous avons la sagesse d'oublier pour un temps « les exigences de la méthode scientifique » et si nous avons la franchise d'avouer que les raisons nous manquent pour ériger la méthode de la science en méthode universelle, nous aurons entrevu bientôt la possibilité d'une critique de la conscience morale. Cette critique sera explicative, sans être destructive. Inutile de l'essayer pour notre compte : l'auteur de la *Raison Pratique* a tenté l'entreprise et l'on peut, selon nous, même sans croire au monde intelligible et à la liberté intemporelle, accepter les célèbres *Postulats*. Gagnerait-on à les accepter?

On y gagnerait un avantage qui compenserait peut-être, aux yeux de quelques-uns, l'inconvénient de paraître « hostile à la science » et décidé à tout entreprendre contre elle. On y gagnerait d'expliquer le mal, non seulement le mal physique, mais encore le mal moral, deux formes du non-être, selon les monistes, deux formes de la réalité, selon le sens commun. Qu'on veuille bien y prendre garde : le pouvoir auquel l'homme n'est pas près de renoncer, et dont il fait usage à chaque pas dans la vie, ce pouvoir qui consiste à partager les événements en deux catégories, ceux qui ont mérité d'être, ceux qui auraient dû ne pas être, un tel pouvoir ne se comprend pas, si le monde est un, autrement dit si le monde de la science ou de la métaphysique spéculative est le seul vrai, le seul réellement existant. Non seulement le mal moral demeure une énigme, mais le mal physique reste sans explication. En vain répondra-t-on que la nature exige ce mal et que la souffrance est une de ses lois. Répondre ainsi c'est refuser de répondre, c'est dire avec Spinoza que toute douleur venant de Dieu est bonne, c'est, en tout cas déguiser assez mal l'aveu d'un mystère. C'est déclarer qu'une vue plus profonde des choses amènerait la cessation de nos angoisses. Le dernier mot de la science est donc : *Ignorabimus*. Mais si tel est ce dernier mot, pourquoi s'entêter à tout résoudre, à essayer de tout résoudre par les méthodes de la science? Est-on donc certain qu'il faut traiter les problèmes de la morale comme on traite ceux de la physique?

— On ne l'est pas du contraire. — Soit. — Donc, dans un cas comme dans l'autre on est réduit à se passer de preuve.

Aussi bien exiger la preuve en ces sortes de problèmes et ne s'en tenir point à ces raisons persuasives qu'on trouverait presque sans chercher, c'est faire descendre le devoir au niveau de la nécessité logique, ou même ce qui est pis, du fait empirique, c'est enlever à la foi morale tout son mérite, c'est enfin lui ôter ce qui la constitue comme telle.

Faut-il aller jusque-là ? On le peut. Faut-il user de ce pouvoir ?

XV

La question est de celles qu'on ne résout point, mais dont on dérive par un « acte » d'affirmation ou de négation, et par un acte d'affirmation ou de négation *préalable*. Les motifs dont on s'inspire n'ont point de valeur en dehors du sujet qui s'en inspire : ils échappent par là même à toute estimation objective.

Ainsi, d'un côté comme de l'autre, on pose la question préalable et il y a toujours lieu de la poser quand on aborde les problèmes philosophiques. S'agit-il de la liberté ou de la nécessité ? L'attitude du chercheur qui sera dictée par la solution qu'il a dessein d'obtenir et à l'égard de laquelle, même avant de commencer toute démarche, l'indifférence est impossible. S'agit-il d'attribuer au scepticisme ou une faible part, ou la part du lion ? Ici encore la réponse va dépendre de l'état moral du chercheur ; le résultat qu'on prépare est en raison directe du résultat qu'on désire. Et cela n'est pas seulement vrai de ceux qui luttent de pied ferme pour la réalité de l'impératif, cela est vrai de ceux qui luttent contre.

« Reste à savoir si toute morale, toute métaphysique, qui se fonde uniquement sur des mystères, peut être considérée, à notre époque, comme ayant des bases solides. Pour notre part nous ne saurions l'admettre : il faut économiser les mystères, les miracles et les postulats ; une philosophie qui les prodigue est, au fond, malgré ses hautes aspirations et le talent de ses partisans, une philosophie qui abdique pour se changer en son contraire. » (Fouillée, *Critique des systèmes de morale contemporaine*, p. 126. Paris, Alcan 1885.)

Ces lignes sont d'un grand critique et qui ne ménage à ses adversaires ni les admonestations, ni les mots à l'emporte-pièce. Il ne semble pas, néanmoins, que devant une telle condamnation courber la tête soit notre unique ressource.

1° Qu'est-ce d'abord que « ce contraire » de la philosophie au profit duquel abdiqueraient implicitement les écoles qui inscrivent en tête de leur programme l'existence d'une loi morale obligatoire ? Serait-ce l'une ou l'autre des religions positives ? Aucune d'elles ne se réduit à ce seul article. Serait-ce la « religion » en général ? Mais quel synode en fixerait le *credo* ? En outre, dans le cas où l'on s'entendrait pour en rédiger les

principaux articles, on ne s'appuierait sur aucun événement surnaturel
de l'histoire. Or, qu'est-ce qu'une religion sans faits miraculeux, sinon ce
qui dans toutes les langues a reçu le nom de philosophie ?

2° Quelle est parmi les philosophies insoucieuses des problèmes de la
morale, celle qui ne recourt ni à un mystère ni à un postulat ? Quelles
sont les métaphysiques dans lesquelles tout se démontre ou s'accepte sans
démonstration ? Aucune ne jouit de ce privilège ; nous l'affirmons, atten-
dant avec patience qu'on nous apporte la preuve du contraire.

3° S'il était vrai qu'une philosophie fondée sur l'existence de la loi
morale n'a aucune chance d'être considérée à notre époque comme fondée
sur des bases solides, il en résulterait simplement qu'à notre époque les
disciplines issues de Kant ne sont pas en faveur; il n'en résulterait rien de
plus que ce simple fait, peut-être encore, si l'on veut, un argument à
l'usage des éditeurs et des libraires, rien de plus cependant.

On s'est demandé précédemment si le refus de prêter l'oreille aux
objections dirigées contre l'existence du devoir était ou non légitime et
l'on avait jugé la réponse embarrassante. Elle ne l'est plus : ces objections gagnent à être écoutées, jugées et pesées, ou du moins on gagne à
les examiner et à les critiquer. Malgré le talent de ceux qui les exposent
et les exploitent (soit dit dans une acception pure de toute malveillance),
on ne peut manquer d'apercevoir que ces philosophes, eux aussi, ont
débuté dans leur critique par résoudre préalablement et sans raisons décisive, une question de méthode à laquelle était étroitement liée la solution
du problème. Ils ont refusé d'accepter « une morale tombée du ciel » et
ils ont tenté de lui substituer une morale scientifique. Autrement dit, pour
déterminer les éléments de la moralité, ils ont eu recours à la méthode qui
consiste à chercher les conditions d'un ordre dans l'ordre immédiatement
inférieur. Procéder ainsi, c'était ruiner à l'avance les fondements de la
morale. Ils le savaient à l'avance, donc ils y étaient résignés, donc cet
impératif catégorique dont l'explication leur tenait tant au cœur, ils débu-
taient par ne point le reconnaître comme tel. Ils le niaient dès leurs
prémisses; c'eût été miracle qu'ils l'eussent affirmé dans leurs conclusions.

Alors, il faut croire sans chercher : il faut débuter dans la philosophie
par une profession de foi d'agnosticisme ? Non, mais par une profession de
foi dans les bornes de la science. Deux thèses se proposaient à notre choix :

1° Le devoir est une illusion, car il n'est pas scientifiquement admissible.

2° Le devoir n'est pas une illusion, car il est des éléments de la réalité
réfractaires au mode d'explication scientifique.

A priori, l'une n'était pas plus invraisemblable que l'autre. Entre l'une
et l'autre, il fallait choisir, il fallait parier; nous avons parié pour la
première.

XVI

Alors nous avons, semble-t-il parié pour la « théologie » contre la « science ». Avions-nous ce droit?

« La pensée qui est une action et une faculté de l'âme ne suffit point à la philosophie; il lui faut l'âme entière, et si l'on peut distinguer dans l'âme des parties, il lui faut surtout et avant tout, ce qui semble en être le principal et le meilleur. » (Ravaisson, *La philosophie en France au XIXe siècle*, 2e édition, p. 241.) Dire que l'âme tout entière doit être l'organe de la philosophie, c'est dire que l'âme tout entière veut être interrogée, écoutée par le philosophe, s'il tient à faire œuvre durable.

Ce genre de consultation déplaît à beaucoup; et la raison, c'est qu'il est difficile de paraître lui attribuer quelque valeur, sans faire preuve d'un penchant plus ou moins marqué vers le mysticisme. Or nous vivons en un temps où les mystiques ont vu rapidement décroître je ne dis pas leur nombre, il reste sensiblement le même, mais leur fortune. Depuis Auguste Comte et la loi des trois états, depuis les éclaircissements si précieux et si personnels de Littré sur la doctrine de son maître, il semble que l'état métaphysique ou, si l'on aime mieux, la curiosité métaphysique n'est guère plus en faveur que ne le serait, auprès du grand nombre, le goût pour les subtilités de la théologie scolastique, s'il venait, contre toute attente, à se raviver chez quelques-uns. On a trop souvent répété dans l'école d'Auguste Comte qu'entre l'état métaphysique et l'état théologique il n'y avait aucune solution de continuité, pour que cette opinion ne se soit pas propagée en dehors du groupe positiviste. L'éminent philosophe contemporain auquel il est arrivé récemment d'appeler Kant « le dernier des Pères de l'Église » s'est exprimé de façon à réjouir non seulement les positivistes orthodoxes, mais encore les partisans du respect absolu de « la science ». —

On ne doit jamais craindre les mots, ni se laisser détourner de ses voies par une épithète. Aussi bien on aura beau dire, pour être Père de l'Église il faudra toujours être d'une Église; pour être théologien il faudra toujours croire à une révélation. Si l'on tient compte de cette double nécessité, si l'on remarque que l'auteur des trois *critiques* n'a formellement adhéré, en tant que philosophe, à aucune des religions actuellement existantes et et qu'à ce point de vue la dénomination de Père de l'Église lui est inapplicable, autant qu'elle le serait à un Descartes, à un Leibnitz, si l'on mesure toute la distance qui sépare les deux termes *Religions* et *Religion*, on en vient à se demander si le terme « religion » au singulier, sans épithète, n'est pas le pseudonyme de philosophie, et si ce qu'on est parfois tenté

d'appeler vie religieuse, au sens large du mot, ne serait pas mieux appelé
du nom de *sagesse*.

Les sectateurs de la sagesse antique, même quand il leur arrivait de
garder les noms du polythéisme vulgaire, n'en gardaient que les noms.
Les partisans modernes d'une religion dans les limites de la raison ne sont
point, nécessairement, plus assurés de l'existence d'un Dieu personnel que
ne l'était l'auteur de l'*Hymne à Jupiter*, le stoïcien Cléanthe (1). L'aspect moral et religieux du monde n'est pas nécessairement lié à la croyance en
un Dieu très puissant et très bon; une telle conception, je n'ai point dit
que ce fût la nôtre, ne garde décidément plus rien de théologique. Et
alors même qu'elle rappellerait par endroits le *credo* du Vicaire Savoyard
le nom de théologie lui serait encore injustement appliqué.

L'injustice ne serait pas moins grande de présenter une telle conception comme antiscientifique. Extrascientifique serait le terme conve-
nable. Si la science a des bornes, et les positivistes n'ont rien épargné
pour nous en convaincre, c'est que la science n'a point réponse à tout;
si l'homme est plus que pensée c'est qu'il est des problèmes dont la pensée
se désintéresse, ou du moins qu'elle ne peut résoudre à la satisfaction
générale de cet organisme mental imparfait appelé l'âme humaine. Donnez au terme « science » une signification large, oubliez les connotations
différentes qu'il reçoit, toutes changeantes, et variant avec la branche spé-
ciale du savoir que l'on considère, définissez la science comme l'enfant la
définirait dans son vocabulaire vague et incorrect : « La science c'est quand
on sait », et demandez-vous : « Quel est celui de nous qui ne sait en
dehors de ce qu'on appelle la science? Quel est celui de nous qui ne sait
plus de choses qu'il n'en peut démontrer aux autres et se démontrer à lui-
même? » Les sciences expérimentales se préoccupent-elles de résoudre ce
qui fut, selon la légende biblique, la préoccupation première de l'être
créé? La science du bien et du mal fait-elle partie des sciences ? Non,
car ce qui est ou sera peut seul être objet d'étude et d'enseignement.
Selon la science positive, le devoir être ou le non être c'est tout un : le
possible qui n'est pas nécessairement futur est hors de ses prises et lui
échappera toujours.

Et pourtant le mal existe et le mal ne devrait point être. Si ce n'est

(1) MM. Clay, Tolstoï, Royce, ce dernier, jeune philosophe américain d'un grand
avenir, méritent à peine le nom de théistes. Sans croire en Dieu, ils ont le sentiment
du divin et ils savent l'éprouver autrement qu'en dilettantes. Rien de commun entre
leur attitude et celle de M. Renan. Leurs croyances sont, par endroits, précises : là
où elles restent vagues, elles n'ont rien d'ondoyant. Barbey d'Aurevilly définissait
M. Renan « le rêveur à nacelle de l'hérésie ». Les philosophes dont je viens de
citer les noms ne sont rien moins que rêveurs. Leur foi est agissante et c'est dans
la nécessité de l'action qu'elle prend sa source.

pas une vérité scientifique, qu'il ne devrait point être, c'est une vérité humaine qu'il est une anomalie ou plutôt que de nombreuses anomalies s'intercalent dans la série des choses soi-disant normales. Voilà une vérité que l'on sait. Et il n'y a point que le mal physique à être vrai, il y a le mal moral : celui-là aussi on le sait exister. Par quel étrange abus du sens des mots devient-on l'ennemi de la science, du jour où ces vérités, que l'on sait d'une science plus profonde que toute autre et par là même moins approfondie, on ne veut point renoncer à les tenir pour nulles et non avenues? Contestons-nous que le postulat du déterminisme s'impose à qui veut entreprendre l'étude des sciences physiques? Refusons-nous d'admettre, par exemple, que pour posséder la connaissance des lois de la santé et des altérations de la santé, il faille procéder selon la méthode matérialiste et traiter l'homme comme s'il n'y avait en lui qu'une nature esclave de la nature extérieure? Alors que devient notre hostilité contre la science? Un argument à la disposition de nos adversaires et sur lequel ils comptent pour mettre « la galerie » de leur côté.

XVII

Parmi les énoncés dans lesquels se subdivise le problème philosophique, ne s'en trouve-t-il pas dont la solution soit moralement indifférente et qu'on puisse résoudre ou par la négative, ou par l'affirmative, sans avoir à se préoccuper de la raison pratique?

La raison pratique nous a fourni un premier criterium de vérité, mais seulement, semble-t-il, pour les problèmes où ses intérêts sont directement en jeu. Or, le champ de la raison pratique est celui, non de l'être, mais du devoir être. On est donc tenté d'adjoindre à ce premier critère un autre critère exempt de toute valeur pratique et dont l'usage intéresserait, non plus l'âme tout entière, mais la seule pensée.

Quand la réalité de l'obligation morale est compromise par une solution métaphysique quelconque, c'est, pourrait-on dire, un devoir de « n'être point lâche », et d'oser tenir ferme pour les impératifs de la conscience. En dehors de ces cas, qui paraissent d'ailleurs être de beaucoup les moins fréquents, une seule précaution semble devoir être prise, ou plutôt toutes les précautions à prendre semblent réductibles à celle-ci : n'être point absurde, se comprendre, s'accorder avec soi-même.

Absurdité, incohérence, contradiction, voilà des noms synonymes. Or, précisément, la non-contradiction est l'objet d'un principe, et ce principe, les logiciens l'imposent à toute pensée comme un joug dont elle ne pourrait se délivrer sans se détruire. Occupons-nous de ce principe.

Penser, c'est conditionner, c'est unir deux notions, c'est rapporter une chose à une autre. On est donc fondé à dire, si l'on donne le nom de *catégories* aux lois fondamentales de la pensée que la relation est une catégorie ; penser, c'est poser une relation entre deux termes. Parmi les relations susceptibles d'être connues et qui régissent les phénomènes, il en est de constantes, il en est de variables. Si toute relation était variable, la pensée se disperserait au hasard, cherchant un point fixe et ne le trouvant jamais ; la définition serait impossible et l'homme devrait s'interdire jusqu'à l'application du verbe *être*. Qu'il y ait partout changement et mobilité, soit ; mais qu'il n'y ait, nulle part, ni points fixes, ni lieux de halte, il serait absurde de le soutenir, dès que la science existe, dès que l'homme pense. La logique toute négative des sophistes est la suite nécessaire des spéculations de la physique ionienne. Héraclite et Protagoras offrent l'un avec l'autre des analogies frappantes. On sait aussi l'étrange doctrine attribuée au philosophe d'Éphèse par l'auteur de la *Métaphysique*. Héraclite aurait implicitement contesté ce qu'Aristote appelle les principes de la démonstration : « J'appelle principes de la démonstration, écrit Aristote, ces axiomes généraux sur lesquels tout le monde s'appuie pour démontrer, ceux-ci, par exemple : Il faut nécessairement affirmer ou nier une chose ; une chose ne peut pas être et n'être pas en même temps (Aristote, *Métaphysique*, l. III (B), ch. n). » On dit encore : ce qui est est ; ce qui n'est pas n'est pas ; ou encore : A est A ; nul A n'est non A ; entre A et non A il n'est point de milieu. Voilà les principes sur lesquels il faut que la pensée se règle. Pourquoi le faut-il ? Sont-ce là de vrais axiomes ? Essayons de l'établir.

Dire : A est A, ou dire d'une chose qu'elle est ce qu'elle est, rien de moins contestable, assurément, mais aussi, semble-t-il, rien de moins instructif. Un principe, d'ordinaire, est gros de conséquences, et l'axiome auquel nous avons affaire ressemble, ou peu s'en faut, à la plus stérile des tautologies. « Au bas de l'échelle des axiomes, dit M. Taine (*De l'Intelligence*, t. II, p. 340 de la première édition), il y en a qui semblent insignifiants ; c'est que l'analyse demandée y est toute faite ; les termes de l'attribut se trouvent par avance dans les termes du sujet. Le lecteur ne trouve point la proposition instructive : il gage qu'on lui dit deux fois la même chose. Tels sont les fameux axiomes métaphysiques d'identité et de contradiction. »

M. Taine formule ainsi l'axiome d'identité : « Si dans un objet telle donnée est présente, elle y est présente. — Si dans un objet telle donnée est présente, elle n'en est point absente. » Puis il ajoute : « Comme les mots *présent* et *non absent*, *non présent* et *absent* sont synonymes, il est clair que dans l'axiome de contradiction, aussi bien que dans l'axiome d'identité, le second membre de la phrase répète une portion du premier ; c'est une redite, on a piétiné sur place. — De là un troisième axiome métaphysique, moins vide que les précédents, celui d'alternative, car il faut une courte analyse pour le prouver. On peut l'énoncer en ces termes : dans tout objet, telle donnée est présente ou absente. En effet, supposons le contraire, c'est-à-dire que dans l'objet la donnée ne soit ni présente, ni absente. Non absente, cela signifie qu'elle est présente; les deux ensemble signifient donc que dans l'objet la donnée est à la fois présente et absente, ce qui est contraire aux deux branches de l'axiome de contradiction, l'une, par laquelle il est dit que si, dans un objet, telle donnée est absente, elle n'y est pas présente. Maintenant, reprenons l'axiome d'alternative et observons l'attitude de l'esprit qui le rencontre pour la première fois. Il est sous-entendu dans une foule de propositions ; c'est parce qu'on l'admet implicitement qu'on les admet explicitement. Par exemple, quelqu'un vous dit : tout triangle est équilatéral ou non; tout vertébré est quadrupède ou non. Sans examiner aucun triangle et aucun vertébré, vous reconnaissez que, forcément, ces propositions sont vraies; l'alternative est inévitable ; vous ne pouvez vous y soustraire. Et cependant, d'ordinaire, vous n'avez pas de preuve en main, vous n'avez pas fait l'analyse précédente ; vous ne sauriez montrer, comme nous venons de le faire, la série des liaisons par lesquelles la proposition se rattache à l'axiome de contradiction. Vous n'avez pas dégagé et suivi comme nous les idées très abstraites qui, par leur filière délicate et continue, soudent ensemble les deux membres de la proposition. Qu'est-ce à dire, sinon, qu'à défaut de la vue claire, vous avez le sentiment confus de cette soudure, et que la jonction existe entre les deux membres de votre pensée sans que vous puissiez toujours montrer précisément les points de jonction? Tous les jours, nous voyons cette efficacité des idées latentes (*Ibid.*). »

Le livre d'où ces lignes sont extraites est d'un philosophe nettement empiriste. Toutefois, il n'est pas indispensable de lire entre les lignes pour apercevoir des germes de contradiction, pour discerner combien est grand l'embarras du penseur résolu coûte que coûte à ravir aux aprioristes les principes formels de la pensée. « L'efficacité des idées latentes », qu'est-ce, sinon celle des premiers principes, que l'on ne formule presque jamais explicitement, selon la judicieuse observation de Locke, mais dont l'esprit ne peut s'affranchir et que, par conséquent, toute intelligence énonce implicitement, selon la remarque profonde de Leibnitz?

Stuart Mill, dont la subtilité dialectique ne sait jamais se borner, même quand elle arrive aux bords de l'inintelligible, serait-il allé jusqu'à reconnaître, pour cause, à l'énonciation explicite de tous nos jugements, l'énonciation implicite de l'un des trois axiomes? Non, car il ne lui

eût pas échappé qu'il introduisait, au cœur de son système, tout ce qu'il
fallait pour en précipiter la ruine. D'après lui, les principes, tous les principes, sans exception, proviennent d'une évolution lente et progressive;
ils se forment, par agglutination de vérités particulières, dont ils deviennent les substituts : les vérités sont des faits généralisés, chaque vérité
générale étant l'expression abrégée d'une somme plus ou moins considérable d'observations successives, faites une à une, et aussitôt faites,
emmagasinées dans la mémoire. Dire : ce qui est est; ce qui n'est pas
n'est pas, ou bien encore, pour s'exprimer comme un platonicien : « le
même n'est pas l'autre », c'est ériger en loi une série plus ou moins
étendue d'expériences. On a constaté que partout et toujours une même
chose ne peut pas être ronde et carrée en même temps et sous le même
rapport, qu'en même temps elle ne peut être à la fois noire et blanche :
aux valeurs concrètes *ronde, carrée, noire, blanche*, on a substitué les
valeurs abstraites A et *non* A. On peut, si l'on y tient, parler encore d'incompatibilité logique, pourvu qu'on sache en trouver l'origine et qu'elle
est en dernière analyse le pseudonyme d'une collection d'incompatibilités
empiriques.

En veut-on une preuve nouvelle? La neige est blanche; en même
temps elle est solide. L'expérience ne nous montre jamais la couleur noire
et la couleur blanche inhérentes au même objet dans une même portion
de l'espace; mais elle atteste qu'un même objet peut être à la fois solide
et blanc. Ces faits, à la suite de confirmations fréquentes, laissent dans l'esprit des empreintes d'eux-mêmes qui se superposent et finissent par donner
lieu non seulement à des notions, mais encore à des jugements durables,
affirmatifs ou négatifs selon le caractère des relations observées. En d'autres
termes, la théorie empirique de l'induction, sur laquelle repose la logique
de Stuart Mill est partout sous-entendue dans les différentes parties du
système, même là où l'on ne s'attendrait pas à la rencontrer, même là où
il semble qu'elle n'a point à intervenir. En effet l'opinion de Stuart Mill
consiste à interpréter tout jugement énonçant une loi de l'esprit selon le
mode d'interprétation qui lui semble convenir aux lois de la nature.

XVIII

Oui ou non, avons-nous affaire à des principes formels ou à de simples
généralisations de l'expérience? Il importe de s'en assurer, car la solution
empirique est nettement inconciliable avec la doctrine de l'obligation. Elle apparaît ainsi dans l'histoire, et cela, parce que la notion
d'un impératif catégorique suppose une propriété de l'esprit refusée à
l'esprit par tous les philosophes attachés à l'empirisme : celle de formuler

des lois, d'énoncer des jugements apodictiques, inconditionnels, en un mot d'élever le droit au-dessus du fait et de juger le fait au nom du droit. Le formalisme moral et le formalisme logique donnent lieu à deux problèmes distincts; on aurait tort de dire : à deux problèmes indépendants, car ils ont même fortune. L'origine a priori des principes logiques peut-elle se démontrer ou du moins s'établir directement? Aucun philosophe, depuis Aristote, n'a tenté d'en fournir la preuve. A-t-on fourni la preuve du contraire?

Il est permis d'en douter. D'abord, ces principes, en raison même de leur rôle, qui est de gouverner la pensée s'appliqueront nécessairement à tout contenu de la pensée. Avant de les apercevoir sous leur forme abstraite et intelligible, on les apercevra dans leurs applications sensibles et concrètes, d'où il sera facile de les dégager.

Qu'il y ait une relation nécessaire entre le jugement : A est A et cet autre : la neige est blanche, que la fausseté de l'un entraîne la fausseté de l'autre, on ne peut le contester. L'essentiel est de savoir quel est des deux jugements celui dont la vérité est logiquement, je n'ai point dit psychologiquement antécédente. Est-ce parce qu'il est vrai de penser que la neige est blanche, que la terre est sphérique, que les corps sont étendus, etc. ; est-ce pour cela, qu'il est vrai de poser comme évidentes les trois propositions : A est A ; nul A n'est non A ; tout ce qui est, est A ou non A? Encore que l'ordre généalogique soit difficile à déterminer, cette détermination importe au premier chef.

Les axiomes logiques semblent être à Stuart Mill « les premières et les plus familières généralisations de l'expérience ». Elles sont fondées sur ce fait « que la croyance et la non-croyance sont deux états de l'esprit qui s'excluent mutuellement. C'est ce que nous apprend la plus simple observation de l'esprit sur nous-mêmes. Et si nous étendons au dehors l'observation, nous trouvons aussi que lumière et obscurité, bruit et silence, mouvement et repos, égalité et inégalité, avant et après, succession et simultanéité, tout phénomène positif et son négatif sont des phénomènes distincts, constatés en tout point, et dont l'un est toujours absent quand l'autre est présent. Je considère le principe en question comme une généralisation de tous ces faits (*Système de logique*, t. 1, p. 315 de la trad. française). »

Autre chose est généraliser un fait, autre chose est énoncer un principe purement formel, dont le contenu est quelconque, indéterminé. Par exemple, autre chose est dire : le produit ne change pas dans une multiplication quand il y a chassé-croisé entre le multiplicande et le multiplicateur; autre chose est dire : 5 fois 8 égale 8 fois 5. Dans le second cas on ne sait qu'un fait; dans le premier, on sait la raison d'un fait et, par

conséquent, de tous les faits de même genre. Après avoir constaté que
5 fois 8 = 40, de même que 8 fois 5, que 9 fois 7 = 63, de même que
7 fois 9, j'incline à croire qu'il importe peu quand on multiplie deux
nombres l'un par l'autre, de chercher quel doit être le multiplicateur, quel le multiplicande, mais, dans mon for intérieur, et pour me servir
d'une expression familière, « je n'en suis pas autrement certain que cela ».
Vienne l'occasion d'expérimenter le contraire, je serai surpris; je ne
serai que surpris, néanmoins, et je compterai sur la grâce de l'habitude
pour atténuer graduellement ma surprise.

N'insistons pas sur la distinction des vérités de fait et des vérités de
raisonnement que l'usage est bien près d'avoir rendue banale. L'usage
l'aurait-il affaiblie? Dans le cas où il l'aurait affaiblie, peut-être on ferait
bien de demander ses exemples à l'une des sciences de raisonnement
les plus instructives. Je veux parler de l'arithmétique élémentaire où
l'on peut distinguer une partie empirique, le maniement des nombres
ou calcul, et une partie rationnelle, la science arithmétique proprement dite, où l'on ne fait pas d'opérations, mais où l'on démontre à
l'avance les résultats certains des différents genres d'opérations possibles.

Par le calcul, on se familiarise avec la pratique des opérations, et
l'on arrive à entrevoir, chemin faisant et à force de faire du chemin,
quelques-unes des propriétés des nombres. On peut néanmoins se tromper
dans ses inductions et l'expérience prouve que souvent on se trompe. En
revanche quand on a étudié les propriétés des nombres et qu'on est en
état de démontrer les théorèmes qui servent à les établir, l'erreur devient
impossible.

Est-on certain que les volumes et les pressions des gaz sont toujours
inversement proportionnels? Oui, si l'expérience est bien faite, non, si
comme M. Regnault s'est chargé d'en fournir la preuve, le phénomène n'a
pas été soumis à une vérification expérimentale suffisante. Est-on certain que tout nombre qui divise un produit de deux facteurs et qui est
premier avec l'un d'eux divise l'autre? On en est certain; il s'agit là d'une
certitude apodictique.

Les jugements à l'aide desquels on énonce les principes formels de la
pensée sous leur forme la plus abstraite et la plus générale ne peuvent
être que problématiques ou apodictiques; ils sont problématiques si l'expérience en est l'origine, car ils la dépassent. Si l'expérience ne peut en
rendre compte, c'est qu'ils la dominent, qu'ils ne reposent sur aucun fait
et alors le nom d'apodictique leur est applicable.

Voici deux propositions : 1° le liège plongé dans un liquide descend au
fond; 2° quand j'affirme que je suis malade, j'affirme que je suis
bien portant. La première exprime une erreur, la seconde une absurdité.

Dans les deux cas, je m'insurge contre un fait. Où est cependant la différence ? C'est que toute absurdité est une erreur, et que toute erreur n'est pas nécessairement une absurdité. La logique de Stuart Mill ne tend à rien moins qu'à supprimer la catégorie de l'absurde.

Il ne s'agit point, à ses yeux, de contester l'universalité des axiomes logiques, il s'agit d'établir que cette universalité ne provient pas de la nécessité. Or c'est ce qui nous paraît impossible à établir : « Nier l'application universelle de ces trois lois, dit Hamilton, c'est en fait, renverse a réalité de la pensée; et comme ce renversement est lui-même un acte de la pensée, il se détruit en réalité... La pensée défait dans un cas ce qu'elle a fait dans l'autre. » (Cf. Stuart Mill. *Examen de la philosophie d'Hamilton*, p. 467, de la trad. fr.) De même qu'un corps ne peut pas occuper en même temps une portion de l'espace et en être exclu, y être et n'y être pas, de même la question se pose entre *affirmer* ou *nier*. Est-ce simplement parce que la croyance et la non-croyance sont deux états mentaux incompatibles ? Peut-être : c'est en tout cas un fait indéniable, et Stuart Mill a raison de le constater. Là où sa perspicacité se trouve en défaut, c'est quand il s'imagine qu'il n'y a là qu'un fait à constater, et un fait dont le contraire eût été possible. « Nous pourrions croire, ose-t-il dire étourdiment, qu'une chose grise peut être bleue aussi aisément que nous croyons qu'un rond peut être bleu, si l'expérience ne nous avait appris l'incompatibilité des deux premiers attributs et la compatibilité des derniers. » Certes une chose verte pourrait sembler bleue à la lumière et continuer, vue en plein jour, de nous donner la sensation de vert. Mais qu'une chose grise puisse être bleue sans que le terme bleue cesse aussitôt de désigner une espèce du genre couleur, qu'une chose puisse être grise en tant que bleue ou bleue en tant que grise, voilà une hypothèse qu'on ne pourrait sans excès d'indulgence qualifier de fausse; elle n'est même pas verbalement intelligible. Je puis bien admettre qu'un « Neptunien » ou un « Jovien » s'imagine fermer une porte, tandis qu'en réalité il l'ouvre : il n'est pas besoin de quitter la terre pour y trouver de curieux exemples de distraction. Je ne puis concevoir un habitant d'aucune planète condamné, quand il affirme une chose d'une autre chose, à la nier en même temps et sous le même rapport. En vain Stuart Mill nous convie à cet effort d'imagination; dans le cas où par impossible cet effort lui serait devenu coutumier, peut-être il faudrait en conclure qu'il avait pris l'habitude de prononcer des suites de mots, et, quand tel était son bon plaisir, de ne leur attacher aucun sens. « Une affirmation qui unit deux concepts peut bien être fausse sans être contradictoire. » C'est de Stuart Mill lui-même que nous tenons ce singulier aveu (Cf. *Examen*, etc., p. 46), comme si son empirisme allait s'ensevelir dans son

triomphe. Au fond, l'aveu reste stérile puisque les conséquences en restent
inaperçues. Oui certes, la croyance et la non-croyance s'excluent : la
remarque est juste. Malheureusement, au lieu d'attacher à ce jugement le
caractère assertorique, Stuart Mill aurait dû lui attribuer le caractère apodictique, car il ne fait, somme toute, et à son insu, qu'exprimer le principe
d'identité sous sa forme subjective et vivante : « J'affirme ce que
j'affirme, je nie ce que je nie, etc. ». On pourrait varier les formules, on
chercherait vainement à se dissimuler la nécessité de l'axiome. Non seulement l'axiome d'identité et ses équivalents sont nécessaires : mais c'est
de ces axiomes que la nécessité reçoit sa plus haute expression ; c'est dans
ces axiomes que la vérité trouve sa forme essentielle. Rien ne serait vrai,
ne pourrait l'être s'il fallait contester l'évidence attribuée à ces jugements. Or toute évidence d'origine physique ou empirique est loin d'être
incontestable. Stuart Mill s'en est rendu compte et il n'a pu lui échapper que le scepticisme était l'aboutissant inévitable de son système de
logique.

Les discussions qui précèdent prouveraient à ceux qui en exigeraient la
preuve à quel point les axiomes logiques méritent peu l'épithète de propositions frivoles. Sans doute ils n'instruisent pas, car ou ils sont vides de
tout contenu, ou ils n'ont, pour ainsi parler, qu'un contenu virtuel. Ils
n'apprennent rien, en ce sens qu'après les avoir constatés, l'esprit n'a fait
aucun pas dans le champ du savoir : il n'est point sorti de lui-même.
Toutefois on exagérerait à soutenir que la découverte, ou, pour employer
une expression platonicienne, la *reconnaissance* de ces axiomes laisse
exactement l'esprit dans l'état où il était, alors qu'il n'en soupçonnait
point la présence. Incontestablement, l'axiome d'identité, celui de contradiction, celui de l'alternative ne peuvent même pas nous garantir qu'en
dehors de la pensée il y ait quelque chose susceptible d'être pensé, pas
plus que l'axiome de l'égalité de deux quantités égales à une troisième ne
nous assure de l'existence d'un monde auquel il s'applique. Pourtant,
quand même l'esprit n'apprendrait, à l'aide de ces principes, rien de ce
qui se passe autour et en dehors de lui, il n'en résulterait pas nécessairement qu'on peut négliger de prendre garde à ces principes. Grâce à eux,
la pensée en apprend beaucoup sur son propre compte, car elle se reconnaît, grâce à eux indépendante des choses. Elle se pose en dehors d'elles,
antérieurement à elles, au-dessus d'elles, puisqu'elle se constitue ainsi leur
législatrice. Alors même qu'aucune occasion d'entrer en exercice ne s'offrirait à la pensée, la pensée n'est plus ignorante des lois auxquelles il
faudra qu'elle se conforme, elle, et aussi tout ce qu'elle est appelée à
penser.

XIX

Leibnitz déclarait, qu'en l'absence de tout principe formel, le raisonnement serait impossible. Le jugement le serait aussi. Pour juger correctement, il faut énoncer une proposition, ou de la forme : A est A, ou réductible àcett c forme. Si je dis par exemple : *Pierre est homme,* c'est comme si je disais : *Pierre est Pierre* et comme si je remplaçais par des valeurs concrètes les symboles abstraits de la proposition A est A.

Toutefois, s'il est évident que *Pierre* est *Pierre,* et cela en vertu du principe d'identité, comment suis-je autorisé à dire : Pierre est homme? Le jugement *Pierre est Pierre* se substituerait aisément à la proposition identique : A est A. S'il en est de même du jugement : *Pierre est homme,* on ne le voit point du premier coup. Dira-t-on que ces deux jugements : 1° A est A; 2° A est B, sont réductibles l'un à l'autre? Mais comment le premier de ces deux jugements autoriserait-il le second? Essayons d'un syllogisme pour nous en convaincre. Mais cela est impossible, car la validité de tout syllogisme suppose précisément la reconnaissance du droit d'énoncer le jugement : A est B, et de le pouvoir réduire à la forme : A est A. Essayons de légitimer ce droit.

Qu'est-ce que penser? c'est juger, affirmer, c'est poser un terme en relation avec un autre terme, c'est énoncer un autre relation de convenance ou de disconvenance entre deux notions. Tout jugement se compose de trois termes : il exige par conséquent *deux* notions : comment ne les point poser *distinctes,* comment échapper à cette pluralité numérique dont la disparition entraînerait l'abolition du jugement? D'autre part, comment ne les point poser semblables? On serait donc, maintenant, tenté de croire, que pour juger il faille déclarer la guerre au principe d'identité. En effet, ce principe exige que le même soit le même, et non que le même soit l'autre. Or le principe d'alternative ne nous défend-il pas concilier ces deux affirmations?

Peut-être nous le permet-il, mais à une condition. C'est que la notion soit décomposable en parties formelles et qu'on ne cherche point à établir la coïncidence parfaite du sujet et de l'attribut. Il y a plus de vingt siècles, Platon définissait ainsi l'acte de penser : faire d'un plusieurs; faire de plusieurs un. La pensée, remarquons-le, n'est point inerte; connaître, c'est se mouvoir au sein des choses dont notre sensibilité nous procure l'intuition, c'est aller d'un point du réel à un autre point, c'est donc distinguer et unir tout ensemble. Le jugement est *plusieurs,* témoins le sujet et l'attribut; le jugement est *un,* témoin le verbe ou copule. Dès lors, le principe d'identité doit rester un idéal auquel tout entendement est tenu de se conformer dans ce double travail de décomposition et de composition qui est la pensée en acte. Se borner à n'admettre comme vrais que des jugements réductibles à l'axiome d'identité serait exiger l'impossible : autant vaudrait ne pas penser du tout ou du moins ne penser que virtuellement, hypothèse dont l'énoncé est presque aussi obscur que la réalisation en est chimérique. Sachons donc accepter l'inévitable : exigeons de nos jugements qu'ils soient les asymptotes de l'axiome d'identité, mais réduisons là nos ambitions. Veillons à ne jamais affirmer d'une chose que ce qui en quelque manière fait partie de cette chose, et faisons en sorte que tous nos jugements se ramènent en dernière analyse à des constatations d'identité. Constater une identité, c'est vérifier si une personne dont le signalement est donné répond à ce signalement, c'est faire le dénombrement des traits particuliers qui la distinguent. On est censé savoir que si chacun de ces traits pris à part convient à plusieurs, leur somme ou plutôt leur synthèse ne se trouve réalisée que dans un seul individu. Constater une identité, c'est attribuer à César ce qui appartient à César, par où l'on voit, entre parenthèses, que toute erreur commise dans une opération de ce genre équivaut à un acte d'injustice.

Les opérations de ce genre comportent deux moments : l'un de décomposition, l'autre de recomposition, l'un pendant lequel on distingue, l'autre pendant lequel on identifie. Le premier donne lieu à un jugement de la forme : A est B + C + D +... X ; le second donne lieu à un jugement de la forme : A + B + C + D + ... X sont A. On déclare que cette somme, non de quantités discrètes, mais de qualités concrètes, est identique au sujet A. Notre maître, M. Lachelier, comparait la relation du sujet et de ses attributs à celle d'un accord musical où les notes composantes sont *simultanément*, non successivement entendues. On ne peut analyser un accord musical sans le détruire, de même on ne peut décomposer un sujet concret en ses parties, sans les considérer à part, les unes en dehors des autres, et, par conséquent, sans détruire le sujet. La comparaison se soutient-elle jusqu'au bout? Après avoir décomposé un accord dans ses parties constituantes, on peut le recomposer de manière à retrouver la synthèse primitive, telle qu'elle a été donnée tout d'abord. Tant qu'il s'agit d'objets fabriqués par la main de l'homme, d'êtres inorganiques, la comparaison subsiste. Elle s'arrête en deçà du monde organique où les définitions deviennent approximatives, puisque la nature ne nous montre que des individus et que les individus ne se laisse point définir. Ces remarques ne sont point neuves : toutefois, on ne peut en reconnaître le bien fondé sans en apercevoir la conséquence. Les trois principes formels de la pensée sont des lois idéales; encore qu'on cherche à s'y conformer, on n'y réussit pas complétement.

Pour soutenir le contraire, il faudrait nier : 1° le fait du mensonge, l'une des plus fréquentes violations du droit et du devoir; 2° le fait de l'erreur. On voudrait distinguer l'erreur du mensonge, en attribuant à la volonté l'art de mentir, à l'intelligence seule l'acte de se tromper. Est-ce toujours possible ?

Il est certes incontestable que le menteur ne se trompe pas : il sait le vrai, mais il le cache : il sait qu'il enfreint le principe d'identité, mais il prend toutes ses précautions pour persuader aux autres qu'il l'applique. L'auteur du *Second Hippias* a eu soin dans son analyse des conditions du parfait mensonge d'exiger du menteur la connaissance du vrai : il va même jusqu'à mettre dans la bouche de Socrate des paroles étranges et qui compromettraient la renommée du sage si l'on ne savait en discerner le sens profond. Socrate ose préférer le menteur conscient au menteur inconscient. Pourquoi ? 1° Parce que si la science est un bien, et pour Socrate elle est le seul bien, la science est préférable à l'ignorance; 2° Parce que tout homme qui possède la science tend invinciblement à à la communiquer et qu'aux yeux de Socrate le cas du menteur conscient et volontaire ne se réalise jamais. Socrate niait qu'en fait l'erreur et le mensonge fussent séparables. Il n'en reste pas moins, cependant, que l'*idée* de l'erreur et celle du *mensonge* subsistent l'une sans l'autre, que s'il y a entre elles « participation », il n'y a point coïncidence proprement dite. On ment parce que l'on veut; on se trompe malgré soi, c'est du moins l'opinion commune. Est-elle acceptable ?

Le problème ainsi posé ne peut se résoudre dialectiquement. Je veux dire que la solution affirmative ou négative du problème ne dépend point d'une argumentation défectueuse ou correcte. Elle dépend de la manière dont il convient d'envisager l'homme, ou, pour mieux fixer la question à débattre, les relations réciproques des fonctions psychiques.

XX

N'est-ce point de Pascal que nous tenons ce précepte: « Il ne faut point parler des choses spirituelles corporellement » ? Or, ne semble-t-il pas qu'on parle corporellement des choses de l'âme quand on envisage les trois groupes des fonctions mentales comme si chacun agissait isolément? On peut interpréter de mille manières la féconde formule de Bossuet : « L'homme est un tout naturel, » on peut l'interpréter en ne sortant pas du point de vue psychologique et comme si l'unité mentale de l'homme résultait précisément de la collaboration des *facultés;* on peut l'interpréter comme si l'âme était un organisme spirituel. Dans l'organisme matériel les fonctions de relation et les fonctions de nutrition ne peuvent être bien étudiées si elles ne sont point étudiées à part les unes des autres. Respirer, se mouvoir, cela fait deux. Toutefois, en un autre sens, cela ne fait qu'un. On prête à Auguste Comte ce mot plaisant : « M. X...? ne m'en parlez pas! il a juste assez de cervelle pour respirer. » Pour respirer, il faut en effet, que le cerveau fonctionne ; pour qu'il fonctionne, il faut aussi respirer : autrement la circulation cérébrale serait impossible. Dès lors l'étude analytique et successive des fonctions de nutrition et de relation devra se compléter par l'étude synthétique et simultanée de leurs relations réciproques.

C'est précisément la négligence du point de vue synthétique et dynamique qui a fait naître la vieille doctrine des facultés et lui a valu de ne pouvoir se maintenir contre les objections des uns et les railleries des autres. Comment, en effet, prendre au sérieux des philosophes, fidèles, ils le disent, à l'unité métaphysique de l'âme, mais d'une fidélité exclusivement intentionnelle? En effet autant cette unité leur est chère, autant ils s'efforcent de creuser entre chacune des « facultés » un fossé large, profond, infranchissable. Ils opposent par exemple la *fatalité* de l'intelligence à la *liberté* du vouloir, et ils ne s'aperçoivent pas que revêtir une même âme d'attributs incompatibles, c'est la démembrer et par conséquent la détruire. S'ils insistent et déclarent que ce démembrement *psychologique* ne saurait entamer l'unité *métaphysique* du sujet, une telle déclaration ne saurait être valable. Elle prouverait simplement qu'il leur déplait de sacrifier cette unité : le sacrifice est cependant inévitable; car, ou le terme « unité métaphysique » ne signifie rien, ou il signifie que l'âme se sent une dans la diversité de ses opérations. C'est bien ce que l'on dit, et nos écoliers, quand on les interroge, le répètent mot à mot. Est-ce bien ce que l'on pense? « L'âme sent, juge et veut tout ensemble, dans le même instant, dans la même fraction de la durée; » analysons la formule et nous lui trouverons un sens sur lequel on n'a point coutume de fixer l'attention.

Si l'on admet, avec les spiritualistes, le caractère inétendu des faits de conscience, on doit s'interdire d'en parler comme s'ils se manifestaient à part les uns des autres, comme si la volonté était d'un côté, la passion d'un autre côté, le jugement d'un autre côté. N'oublions pas que cette locution « d'un autre côté », est inapplicable aux relations de temps, qu'elle est par conséquent inapplicable aux faits psychologiques, que là où il n'y a point d'étendue il ne saurait y avoir de distance, même par métaphore. Le langage ordinaire se prête mal à l'expression des vérités psychologiques, pour lesquelles il n'est, malheureusement, d'autre langage que le langage ordinaire. Ainsi, exprimer cette vérité banale : l'homme sent, pense et veut, c'est parler le moins incorrectement possible sans doute, mais c'est encore parler incorrectement. La conjonction *et* s'emploie d'ordinaire pour unir des termes distincts et distants tout ensemble : dans l'ordre psychique, il y a *distinction* sans *distance*.

En d'autres termes l'impénétrabilité peut être la loi des corps sans être nécessairement la loi des esprits. L'homme n'est pas une sensibilité sur laquelle viendrait se greffer un entendement, auquel se juxtaposerait une volonté : il sent, juge, se décide et il y a de la volonté dans ses jugements, de l'intelligence dans ses volitions, de la passion dans ses volitions et dans ses affirmations. Quand on dit, par exemple, que la passion lutte contre le devoir il est faux de prétendre qu'une passion pure soit en conflit avec une idée pure : Chimène a la passion du devoir, ce qui ne l'empêche point d'aimer passionnément Rodrigue, et s'il y a lutte dans son âme, c'est qu'il y a lutte dans son cœur : les deux fonctions belligérantes ne sont point radicalement hétérogènes.

Ce sont là vérités courantes, mais qu'il conviendrait de suivre jusque dans toutes leurs conséquences. Il conviendrait de reconnaître que l'âme est tout entière dans chacune de ses opérations, qu'aucune fonction n'agit sans la collaboration des autres. L'âme est un tout concertant, où il se fait entre les parties concertantes un échange de rôles, et où chaque état de conscience est caractérisé par celle des fonctions à laquelle semble dévolu le premier rôle. On souhaiterait de s'exprimer sans recourir à des comparaisons : ce recours est indispensable et c'est pour cela que la science de l'esprit ou de l'âme ne pourra jamais prendre rang parmi les sciences positives. On souhaiterait de pouvoir faire comprendre en quoi cette unité de l'esprit consiste et comment la multiplicité que son unité enveloppe, loin de détruire cette unité, la cimente et la consolide. Le sujet de la conscience se distingue sans doute de ses phénomènes, autrement il ne se connaîtrait pas. Néanmoins, dans les moments où il se concentre sur lui-même, où il cherche à se saisir dans son unité absolument pure, il doit s'apercevoir que la conscience d'une telle unité serait une contradiction. L'unité de la conscience n'est pas un fait d'observation : on ne la constate point, on la conclut de l'identité. Celle-ci, d'autre part, resterait à tout jamais inobservable, sans la possibilité, pour le sujet, de revenir sur son passé, de remonter la chaîne de ses états, d'unir ses états les uns aux autres et de se reconstituer dans le passé par un effort de remémoration. L'unité de l'âme est donc une unité multiple, matériellement indécomposable, cela va sans dire et dont, même par hypothèse, les parties idéales se laissent à peine isoler. L'analyse de l'esprit n'est donc jamais complète ; et même, à supposer qu'un métaphysicien de génie soit doué pour l'entreprendre et la pousser jusqu'aux limites extrêmes,

serait-il jamais sûr de les avoir atteintes? Ce n'est pas tout : il ne sera
jamais sûr de ne les avoir point franchies : là où l'observation est impuissante, ne trouve-t-elle pas dans l'imagination un suppléant toujours dis-
posé à intervenir, et dont l'intervention est rarement opportune?

L'analyse de l'esprit offre des difficultés qui tiennent précisément à
la collaboration perpétuelle des « facultés », à l'impuissance de nous
expliquer un fait sensible, là où tout élément intellectuel manquerait,
un acte de réflexion, là d'où la volonté serait absente. On ne peut
supprimer l'une ou l'autre des grandes fonctions de l'esprit, non seulement sans détruire l'esprit, mais sans rendre aussitôt inexplicable et
inintelligible l'exercice des autres fonctions. La remarque est d'un de nos
maîtres : le terme fonction est ici le meilleur et le plus juste, car le propre d'une fonction est de varier, de se déterminer ou d'être déterminée à
la suite de changements intervenus dans les fonctions environnantes.
L'idée de fonction est d'ailleurs corrélative de l'idée de système et chacun
nous accordera que l'esprit est un tout systématique, un tout sympathique selon la formule des Stoïciens.

Il est donc permis de croire que l'homme, chaque fois qu'il juge, ne
juge pas avec son intelligence seule ; que juger, c'est adhérer, consentir, vouloir, ainsi que l'a reconnu Descartes, sans aller cependant jusqu'aux conséquences profondes impliquées dans sa théorie. Un jugement qui resterait à l'abri de toute influence extra-intellectuelle manquerait, pour pouvoir
s'énoncer, de cette chiquenaude finale donnée selon l'ordinaire ou par la
passion impatiente ou par la volonté maîtresse des puissances psychiques
dont elle a su prendre le gouvernail(1). Que de fois, on s'abstiendrait de juger n'était la nécessité d'agir et la nécessité, pour agir avec prévoyance, de
penser avec attention et méthode ! Croire sans vouloir est impossible de
même que vouloir sans entendre : en dépit du langage, *croire malgré soi*
nous paraît une expression équivoque. On croit malgré ses désirs les plus
ardents, malgré ses intérêts les plus immédiats : on croit néanmoins
parce que l'on veut croire; on voit, on sait, mais loin de détourner la
tête, de quoi l'on est toujours libre, on la maintient dans la direction de
la vérité aperçue, on va au-devant d'elle, on en prend possession, peut-
être même n'est-ce pas trop de dire qu'on la crée ; car, si la matière d'un
jugement lui vient d'ailleurs que de l'âme même, c'est à l'âme de décider
s'il faut marquer l'affirmation d'un coefficient de certitude, de probabilité,
de doute, c'est à l'âme d'encadrer cette matière, de l'*informer*, de la faire

(1) Il n'en faut pas conclure que le rôle de la volonté ou de la passion soit seulement de donner la chiquenaude. Même dans la délibération, c'est-à-dire pendant
l'examen qui précède la décision ou l'affirmation la volonté et le sentiment inter-
viennent.

vivre, c'est à l'âme qu'il appartient d'opérer le passage du jugement en puissance au jugement en acte : au sens humain de l'expression, l'âme est créatrice de ses propres pensées.

En étant créatrice, elle en est responsable ; il n'est donc pas entre l'erreur et le mensonge de distinction radicale. On est toujours libre d'affecter ses affirmations d'un coëfficient de doute et si l'on n'use point de cette liberté c'est pour des motifs, à coup sûr légitimes, mais qu'on a cru devoir reconnaître tels. Et ils ne sont point toujours légitimes : la sincérité ne nous garde pas toujours de l'erreur. A combien n'arrive-t-il pas de se rendre soi-disant à la plus irrésistible des évidences, l'évidence mathématique, par exemple et d'admettre sur la foi de cette évidence des propositions manifestement fausses ! Qu'ils sont rares, ceux d'entre nous pour lesquels ce ne fut pas un sujet d'étonnement d'apprendre que la vérité d'un théorème n'impliquait pas nécessairement la vérité de sa réciproque ! Aucune partie du champ de la recherche scientifique n'est fermée à l'intervention du sentiment, de la volonté, et en général des passions nobles ou des passions égoïstes. Le caractère du savant n'est jamais absolument inséparable de son génie et la fécondité de ses découvertes dépend toujours en quelque mesure de sa profondeur de sincérité envers soi-même. Ainsi la valeur de ces constatations d'identité impliquées dans tout jugement est une valeur variable, sujette à des oscillations, à des mouvements de hausse et de baisse selon la nature, le caractère, la droiture d'âme de celui qui juge. Tout jugement est un acte et par conséquent relève de la conscience morale.

XXI

Le devoir de n'être point absurde, de ne point se contredire, de régler ses affirmations, de telle sorte qu'en unissant deux concepts dans une synthèse mentale, on établisse entre l'un et l'autre une relation de partie à tout, et que la relation établie par le sujet soit conforme à celle que pourrait apercevoir une intelligence absolument indifférente à tout autre intérêt que celui du vrai, un tel devoir ne peut, sans contradiction, relever de la seule raison théorétique. Ou l'obligation de ne point se contredire est une obligation chimérique, ou la nécessité d'accepter pour règle les axiomes logiques n'est pas plus inflexible que la nécessité de croire — je dis : de croire, et non pas seulement : d'obéir — aux impératifs de la conscience. C'est là une nécessité que nul n'est contraint de subir. En fait, tous les philosophes ne se sont pas inclinés devant les nécessités logiques. Kant, lui-même, le jour où examinant les thèses antinomiques de la cosmologie rationnelle, il déclarait rester neutre entre deux propositions respectivement contra-

dictoires, Kant ouvrait toute grande la porte à l'hégélianisme : il s'abste
nait d'opter. C'est donc qu'au delà de la sphère du monde sensible, une
autre lui apparaissait confusément, et qu'il jugeait que la logique pourrait
n'avoir aucun accès dans cette autre sphère. Le principe de contradiction
s'accommode-t-il d'un monde infini dans l'espace, infini dans le temps,
composé d'un nombre actuellement infini de parties élémentaires? Et s'il
ne s'en accommode pas, devons-nous en conclure, ou que la logique est
une menteuse, ou que ce monde, le nôtre, est une absurdité vivante?
On peut s'abstenir de conclure : il faut, si l'on ne s'abstient pas, parier
pour ou parier contre.

C'est donc un acte de raison pratique, que celui par lequel on juge *bon*
de croire au *vrai*, par lequel on soumet les phénomènes du monde, autrement dit, ses propres représentations, au critère des axiomes logiques, par
lequel on reconnaît ce critère. Il n'y a pas une certitude métaphysique ou
physique exempte de tout élément de doute et d'instinct, de la certitude
morale ou certitude boiteuse. Il y a la certitude sans épithète, identique
à elle-même dans tous les cas où elle se produit, état, ou pour mieux dire,
acte de l'âme et de l'âme tout entière. La science ne va jamais sans la croyance,
d'une part. Mais d'autre part, une croyance ferme, inébranlable, n'est-elle
pas incompatible avec l'absence de savoir? « Les choses auxquelles on croit,
dit un des personnages de l'*Eau de Jouvence*, on n'en est jamais bien sûr. »
Le mot est plus spirituel que juste: en tout cas, il serait difficile de soutenir
cette thèse plus qu'étrange, à savoir: on croit à une chose en tant que l'on n'en
est pas sûr. Or, il faudrait en démontrer l'exactitude pour avoir gain de cause
contre ceux qui affirment l'union de la croyance et de la science. La foi qui
agit, la foi sincère, la foi de laquelle on dit qu'elle transporte les monta-
gnes est inséparable d'un savoir certain : encore qu'il ne se puisse trans-
mettre par voie démonstrative, on exagérerait à le prétendre incommu-
nicable. Et quand bien même il le serait, quand bien même les autres se refu-
seraient à apprendre ce que je sais, en résulterait-il, nécessairement, que
mon savoir est purement imaginaire? La philosophie de la croyance ne
s'oppose donc point à la philosophie de la science par ce qu'elle juge le
croire préférable au *savoir*, mais par ce qu'elle estime que dans tout
énoncé de jugement, le jugement fût-il apodictique, la croyance intervient : « Alors qu'on croit de la foi la plus ferme, qu'on possède la
vérité, on doit savoir qu'on le croit, non pas croire qu'on le sait. »

Ainsi les axiomes eux-mêmes méritent le nom de croyances, et si le
caractère de toute croyance est d'avoir besoin, pour s'achever dans l'esprit,
que la volonté l'accepte, il n'est aucun de nos jugements contre lequel la
volonté soit impuissante. La tentative des empiristes pour enlever aux
principes logiques le droit de se prétendre supérieurs à toute expérience,

est une preuve de ce qu'on pourrait appeler, avec M. Spencer, la plasticité de l'entendement humain. De soutenir que cette plasticité soit partout la même et qu'il en est de l'esprit comme d'une cire molle, nul ne s'aviserait, car s'il n'est pas de degrés dans la certitude, il est des degrés dans l'intensité de la force par laquelle nous nous sentons entraînés ou à l'affirmation, ou à la négation. Tout le monde conviendra qu'à l'occasion des axiomes d'identité, de contradiction, du tiers exclu, cette force atteint son intensité maximum. Et pourtant on s'aveuglerait à prétendre qu'alors elle devient irrésistible ; on s'aveuglerait, — c'est bien le mot, — car l'empirisme n'est pas dans l'histoire des systèmes un accident isolé. Or, ce fait historique, sujet à de perpétuels recommencements, sert de preuve contre les partisans de l'évidence en soi ou par soi. Les candidatures des jugements à l'évidence, ou si l'on aime mieux, à l'adhésion de l'esprit sont plus ou moins sérieuses, mais les plus sérieuses elles-mêmes échoueraient sans la collaboration efficace de la volonté libre. Il est toujours possible de jouer au scepticisme, il est toujours possible de fermer les yeux à la lumière. Pour s'interdire cette attitude, il faut s'être aperçu qu'on aurait « tort » de la prendre, qu'en la prenant on se mentirait à soi-même. Ici, « je ne peux ne pas affirmer » et « je ne dois pas refuser mon affirmation » deviennent synonymes.

Ainsi, le nom d'*impératifs* convient aux axiomes, car ce qu'on appelle : la nécessité logique n'impose jamais son joug, quand on est fermement résolu à ne le point subir. Le principe d'identité est donc moins une loi qu'une règle, une maxime. On doit suivre cette maxime pour éviter l'erreur, de même que, pour éviter la faute, on doit obéir à la loi sans y être incliné par aucun mobile.

Le principe d'identité est-il un impératif catégorique ? Non, car les raisons de le suivre peuvent être déduites de raisons antérieures ; car on peut déduire la nécessité de ne se tromper point d'une nécessité qui la domine ; celle de ne se point mentir à soi-même, nécessité toute morale, exclusivement morale et qui n'aurait jamais d'efficace si elle n'était jamais librement acceptée. Ce qui est vrai de l'âme est vrai de toutes les fonctions de l'âme : la liberté les pénètre de part en part et toutes les servitudes dont l'homme peut avoir à se plaindre sont des servitudes volontaires. Comment, d'ailleurs, expliquerait-on l'étrange mystère d'une intelligence esclave coexistant avec une volonté libre, d'un entendement hétéronome uni à une volonté autonome, et si l'on maintenait cette contradiction, que deviendrait l'unité du sujet ?

Il importait à la démonstration de cette unité d'abréger la distance qui, pour beaucoup, sépare les axiomes des impératifs, et de l'abréger, au point de la rendre à peu près insensible. Nous pensons qu'il y a là plus qu'un rapprochement artificiel obtenu par un simple jeu de formules. Nous pensons que les termes « impératifs logiques » dont l'usage n'est pas répandu, si même on l'a proposé avant nous, répondent aussi exactement que possible à la réalité des faits, qu'ils traduisent assez fidèlement, pour ne pas dire plus, l'état d'indépendance de l'âme vis-à-vis de tout ce qui n'est point elle, qu'ils marquent mieux qu'on ne l'a fait jusqu'à ce jour cette liberté de l'entendement méconnue par les mieux intentionnés des psychologues et qu'il faut bon gré mal gré se décider à reconnaître sous peine de ne rien comprendre à l'histoire des opinions et des doctrines.

On oserait même aller plus loin et l'on proposerait pour les principes formels de la pensée le nom d'impératifs catégoriques si l'on ne craignait de déroger à l'usage. Aussi bien l'impératif catégorique est inconditionnel par définition : l'obéissance aux axiomes logiques ne l'est pas à proprement parler. Le devoir de les prendre pour règles de direction de l'esprit est surbordonné au devoir de sincérité envers soi-même. Ce sont là des impératifs dérivés.

S'il n'y a qu'une certitude, celle dont chacune de nous fait l'expérience quand il se dit, se croit, se sait certain, il n'y a non plus qu'un seul critère de vérité. Est vrai, dirons-nous, ce dont il nous est impossible de douter de bonne foi, ce dont nous ne pourrions douter sans nous mettre expressément dans notre tort. Aucun homme attentif à ce qui se passe en lui ne peut manquer d'apercevoir sa conscience morale toujours en vedette, toujours prête à ordonner ou à conseiller. La raison théorétique, depuis Kant, n'a plus besoin qu'on lui apporte sur sa nature et sur les conditions de son exercice d'autres clartés ni qu'on lui fournisse de plus ample commentaire pour accepter d'être la vassale de la raison pratique. Une fois qu'elle a prêté l'hommage, elle n'a plus rien à exiger en son nom seul ; il lui faut toujours le consentement explicite ou implicite de l'autorité suzeraine. Il le lui faut toujours, non encore une fois qu'elle ne puisse matériellement s'en passer, mais parce que si elle s'en passe, c'est un acte d'usurpation qu'elle commet, dont elle se rend responsable et dont elle ne peut s'absoudre sans se substituer à l'autre et s'ériger, à sa place, en législatrice universelle. Il en est de l'impératif catégorique comme du scepticisme, on ne lui mesure point sa part ; le bannir de ce monde serait certes beaucoup moins malaisé que de fixer des bornes à sa juridiction. Aussi bien pourquoi fixer des bornes ? A l'aide de quel critère ? C'est en vain que l'on cherche et il n'est pas désirable que l'on trouve, et il serait contradictoire que ce fût désirable, car rien ne saurait l'être en dehors de l'absolument bon.

Les principes de méthode qui viennent d'être établis serviront peut-être à élucider un point de doctrine ou plutôt de discipline sur lequel on ne saurait trop souhaiter qu'une fois pour toutes la lumière fût faite. Dans toutes les écoles fidèles à l'esprit de la philosophie kantienne, les recherches commencent par où il plaît de commencer, l'ordre adopté dans l'examen des problèmes dépendant du genre de curiosité propre à chacun. Toutefois, si les questions de philosophie spéculative sont venues les premières, si l'on a répondu à toutes ou aux principales sans tenir compte des droits de la conscience, on risque, une fois le moment venu d'examiner ces droits, ou de rendre une ordonnance de non-lieu, afin d'aller plus vite, ou de rebrousser chemin et de recommencer d'autres démarches qui permettent de trouver une interprétation du monde conforme à la conscience. Tant qu'on n'a point pris parti pour ou contre le devoir, on ne sait rien du reste, car on ne sait point s'orienter dans sa propre pensée.

Supposons qu'on ait terminé ses recherches et qu'on ait fait droit à la raison pratique. La marche à suivre pour les exposer s'imposera d'elle-même : il faudra commencer par la morale, même si l'on a résolu de s'attacher principalement aux problèmes de l'ordre spéculatif. Il faudra partir du droit pour aller au fait, puisqu'après tout il ne s'agit pas seulement de constater, mais d'interpréter et de juger. Si la morale est la science suzeraine, c'est par l'exposé de ses prérogatives qu'il faut que toute philosophie débute. Il y a plus. Même à ceux pour qui c'est un parti pris de méthode, sinon d'abolir ces prérogatives, du moins de les remplacer par d'autres d'une valeur toute relative et d'une durée précaire, même à ceux-là, il incombe de rédiger leur charte d'abolition. En philosophie, et c'est par où la philosophie diffère des autres sciences, et nulle philosophie n'y échappe, les solutions définitives sont greffées sur des solutions provisoires et préalables. La raison d'être de celles-ci nous échappe au moins partiellement ; car la série ascendante des *pourquoi* ne saurait être infinie, car la première vérité de laquelle toutes les autres dépendent ne saurait être démontrable. Il faut donc inscrire au début de toute philosophie, non un fait d'évidence sensible ou d'évidence mathématique, mais un acte d'affirmation ou de négation, par laquelle on accepte ou l'on refuse de croire à l'impératif catégorique.

FIN.

Sceaux. — Imprimerie Charaire et fils.

www.ingramcontent.com/pod-product-compliance
Lightning Source LLC
LaVergne TN
LVHW022027080426
835513LV00009B/897